1+X 职业技能鉴定考核指导手册

汽车维修工

三级

编审委员会

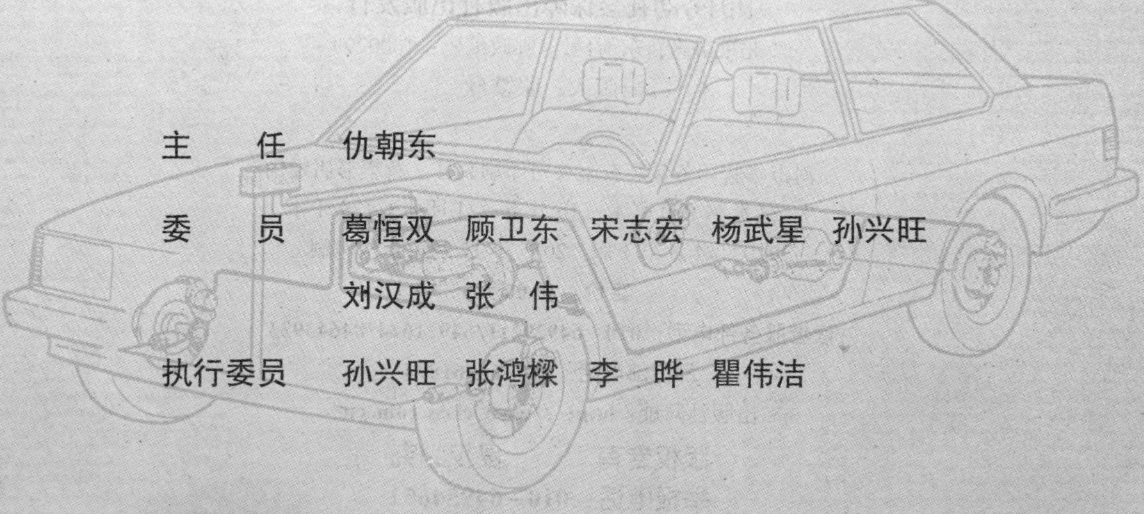

主　　任　仇朝东

委　　员　葛恒双　顾卫东　宋志宏　杨武星　孙兴旺　刘汉成　张　伟

执行委员　孙兴旺　张鸿樑　李　晔　瞿伟洁

中国劳动社会保障出版社

图书在版编目(CIP)数据

汽车维修工：三级/上海市职业培训研究发展中心组织编写. —北京：中国劳动社会保障出版社，2010

1+X 职业技能鉴定考核指导手册

ISBN 978-7-5045-8269-0

Ⅰ. 汽…　Ⅱ. 上…　Ⅲ. 汽车-车辆修理-职业技能鉴定-自学参考资料　Ⅳ. U472.4

中国版本图书馆 CIP 数据核字(2010)第 057481 号

中国劳动社会保障出版社出版发行

（北京市惠新东街1号　邮政编码：100029）

出版人：张梦欣

*

三河市华骏印务包装有限公司印刷装订　新华书店经销

787 毫米 × 960 毫米　16 开本　11 印张　179 千字

2010 年 4 月第 1 版　2015 年 12 月第 5 次印刷

定价：19.00 元

读者服务部电话：010－64929211/64921644/84643933

发行部电话：010－64961894

出版社网址：http：//www.class.com.cn

前　言

职业资格证书制度的推行，对广大劳动者系统地学习相关职业的知识和技能，提高就业能力、工作能力和职业转换能力有着重要的作用和意义，也为企业合理用工以及劳动者自主择业提供了依据。

随着我国科技进步、产业结构调整以及市场经济的不断发展，特别是加入世界贸易组织以后，各种新兴职业不断涌现，传统职业的知识和技术也愈来愈多地融进当代新知识、新技术、新工艺的内容。为适应新形势的发展，优化劳动力素质，上海市人力资源和社会保障局在提升职业标准、完善技能鉴定方面做了积极的探索和尝试，推出了1+X培训鉴定模式。1+X中的1代表国家职业标准，X是为适应上海市经济发展的需要，对职业标准进行的提升，包括了对职业的部分知识和技能要求进行的扩充和更新。上海市1+X的培训鉴定模式，得到了国家人力资源和社会保障部的肯定。

为配合上海市开展的1+X培训与鉴定考核的需要，使广大职业培训鉴定领域专家以及参加职业培训鉴定的考生对考核内容和具体考核要求有一个全面的了解，人力资源和社会保障部教材办公室、中国就业培训技术指导中心上海分中心、上海市职业培训研究发展中心联合组织有关方面的专家、技术人员共同编写了《1+X职业技能鉴定考核指导手册》。该手册由“理论知识复习题”“操作技能复习题”和“理论知识模拟试卷及操作技能模拟试卷”三大块内容组成，书中介绍了题库的命题依据、试卷结构和题型题量，同时从上海市1+X鉴定题库中抽取部分理论知识题、操作技能试题和模拟样卷供考生参考和练习，便于考生能够有针对性地进行考前复习准备。今后我们会随着国家职业标准以及鉴定题库的提升，逐步对手册内容进行补充和完善。

本系列手册在编写过程中，得到了有关专家和技术人员的大力支持，在此一并表示感谢。

由于时间仓促，缺乏经验，如有不足之处，恳请各使用单位和个人提出宝贵意见和建议。

1+X职业技能鉴定考核指导手册

编审委员会

目　录

CONTENTS　1+X职业技能鉴定考核指导手册

汽车维修工职业简介

一、职业名称

汽车维修工。

二、职业定义

使用工具、夹具、量具、仪器、仪表及检修设备进行汽车的维护、修理和调试的人员。

三、主要工作内容

从事的工作主要包括：（1）汽车的使用与检查；（2）汽车的一级维护；（3）汽车的拆装；（4）整车二级维护；（5）发动机检修；（6）汽车底盘检修；（7）汽车大修与竣工验收；（8）电控系统故障诊断与排除；（9）汽车手动空调系统故障诊断与排除。

第1部分

汽车维修工（三级）鉴定方案

一、鉴定方式

汽车维修工（三级）的鉴定方式分为理论知识考试和操作技能考核。理论知识考试采用闭卷计算机机考方式，操作技能考核采用现场实际操作方式。理论知识考试和操作技能考核均实行百分制，成绩皆达60分及以上者为合格。理论知识或操作技能不及格者可按规定分别补考。

二、理论知识考试方案（考试时间90 min）

题库参数 / 题型	考试方式	鉴定题量	分值（分/题）	配分（分）
判断题	闭卷机考	40	0.5	20
单项选择题		120	0.5	60
多项选择题		20	1	20
小计	—	180	—	100

三、操作技能考核方案

考核项目表

职业（工种）名称		汽车维修工		等级	三级		
职业代码							
序号	项目名称	单元编号	单元内容	考核方式	选考方法	考核时间（min）	配分（分）
1	汽车维修质量检验	1	汽车维修质量检验	操作	必考	15	25
2	电控系统常见故障诊断	1	电控发动机常见故障诊断	操作	必考	15	25
		2	电控元件检测与故障诊断	操作	必考	15	25
3	手动空调和底盘系统故障诊断	1	手动空调系统常见故障诊断	操作	抽一	15	25
		2	底盘常见故障诊断	操作			
合计						60	100
备注							

第 2 部分

鉴定要素细目表

<table>
<tr><td colspan="5">职业（工种）名称</td><td>汽车维修工</td><td rowspan="2">等级</td><td rowspan="2">三级</td></tr>
<tr><td colspan="5">职业代码</td><td></td></tr>
<tr><td rowspan="2">序号</td><td colspan="4">鉴定点代码</td><td rowspan="2" colspan="2">鉴定点内容</td><td rowspan="2">备注</td></tr>
<tr><td>章</td><td>节</td><td>目</td><td>点</td></tr>
<tr><td></td><td>1</td><td></td><td></td><td></td><td colspan="2">基础知识</td><td></td></tr>
<tr><td></td><td>1</td><td>1</td><td></td><td></td><td colspan="2">职业道德</td><td></td></tr>
<tr><td></td><td>1</td><td>1</td><td>1</td><td></td><td colspan="2">职业道德基本知识</td><td></td></tr>
<tr><td>1</td><td>1</td><td>1</td><td>1</td><td>1</td><td colspan="2">服务性行业的特点</td><td></td></tr>
<tr><td>2</td><td>1</td><td>1</td><td>1</td><td>2</td><td colspan="2">汽车维修工的职责</td><td></td></tr>
<tr><td>3</td><td>1</td><td>1</td><td>1</td><td>3</td><td colspan="2">职业理想</td><td></td></tr>
<tr><td>4</td><td>1</td><td>1</td><td>1</td><td>4</td><td colspan="2">职业修养</td><td></td></tr>
<tr><td>5</td><td>1</td><td>1</td><td>1</td><td>5</td><td colspan="2">职业素质</td><td></td></tr>
<tr><td></td><td>1</td><td>2</td><td></td><td></td><td colspan="2">专业基础知识</td><td></td></tr>
<tr><td></td><td>1</td><td>2</td><td>1</td><td></td><td colspan="2">电工电子基本知识</td><td></td></tr>
<tr><td>6</td><td>1</td><td>2</td><td>1</td><td>1</td><td colspan="2">电压</td><td></td></tr>
<tr><td>7</td><td>1</td><td>2</td><td>1</td><td>2</td><td colspan="2">电流</td><td></td></tr>
<tr><td>8</td><td>1</td><td>2</td><td>1</td><td>3</td><td colspan="2">电阻</td><td></td></tr>
<tr><td>9</td><td>1</td><td>2</td><td>1</td><td>4</td><td colspan="2">电动势</td><td></td></tr>
<tr><td>10</td><td>1</td><td>2</td><td>1</td><td>5</td><td colspan="2">电功率</td><td></td></tr>
<tr><td>11</td><td>1</td><td>2</td><td>1</td><td>6</td><td colspan="2">欧姆定律</td><td></td></tr>
<tr><td>12</td><td>1</td><td>2</td><td>1</td><td>7</td><td colspan="2">电磁场</td><td></td></tr>
</table>

续表

职业（工种）名称					汽车维修工	等级	三级
职业代码							
序号	鉴定点代码				鉴定点内容	备注	
	章	节	目	点			
13	1	2	1	8	电磁感应		
14	1	2	1	9	电路构成		
15	1	2	1	10	电气符号		
16	1	2	1	11	串联电路		
17	1	2	1	12	并联电路		
18	1	2	1	13	保护装置		
19	1	2	1	14	通断装置		
20	1	2	1	15	半导体的构成		
21	1	2	1	16	半导体的性质		
22	1	2	1	17	半导体的分类		
23	1	2	1	18	二极管的构造		
24	1	2	1	19	二极管的特性		
25	1	2	1	20	二极管的应用		
26	1	2	1	21	齐纳二极管		
27	1	2	1	22	晶体管的构造		
28	1	2	1	23	晶体管的工作原理		
29	1	2	1	24	晶体管的作用		
30	1	2	1	25	晶体管的运用		
	1	2	2		汽车常用材料		
31	1	2	2	1	常用金属材料基本知识		
32	1	2	2	2	常用金属材料种类		
33	1	2	2	3	常用金属材料牌号		
34	1	2	2	4	常用金属材料应用		
35	1	2	2	5	常用非金属材料基本知识		
36	1	2	2	6	常用非金属材料种类		
37	1	2	2	7	常用非金属材料牌号		

续表

职业（工种）名称					汽车维修工	等级	三级
职业代码							
序号	鉴定点代码				鉴定点内容	备注	
	章	节	目	点			
38	1	2	2	8	汽油牌号		
39	1	2	2	9	汽油性能		
40	1	2	2	10	汽油应用		
41	1	2	2	11	柴油牌号		
42	1	2	2	12	柴油性能		
43	1	2	2	13	柴油应用		
44	1	2	2	14	汽油机润滑油牌号		
45	1	2	2	15	汽油机润滑油应用		
46	1	2	2	16	柴油机润滑油牌号		
47	1	2	2	17	柴油机润滑油应用		
48	1	2	2	18	变速器、主减速器润滑油牌号		
49	1	2	2	19	变速器、主减速器润滑油应用		
50	1	2	2	20	汽车润滑脂牌号和应用		
51	1	2	2	21	防冻液牌号和应用		
52	1	2	2	22	制动液牌号和应用		
53	1	2	2	23	制冷剂牌号和应用		
54	1	2	2	24	汽车轮胎牌号和应用		
	1	2	3		汽车构造		
55	1	2	3	1	发动机总体构造		
56	1	2	3	2	发动机工作过程		
57	1	2	3	3	发动机的组成		
58	1	2	3	4	曲柄连杆机构的组成		
59	1	2	3	5	曲柄连杆机构的功用		
60	1	2	3	6	配气机构的组成		
61	1	2	3	7	配气机构的功用		
62	1	2	3	8	柴油机燃料系的组成		

续表

职业（工种）名称					汽车维修工	等级	三级
职业代码							
序号	鉴定点代码				鉴定点内容	备注	
	章	节	目	点			
63	1	2	3	9	柴油机燃料系的功用		
64	1	2	3	10	冷却系的组成		
65	1	2	3	11	冷却系的功用		
66	1	2	3	12	润滑系的组成		
67	1	2	3	13	润滑系的功用		
68	1	2	3	14	汽车传动系的组成		
69	1	2	3	15	汽车传动系的功用		
70	1	2	3	16	汽车离合器的组成		
71	1	2	3	17	汽车离合器的功用		
72	1	2	3	18	手动变速器的组成		
73	1	2	3	19	手动变速器的功用		
74	1	2	3	20	万向传动装置的组成		
75	1	2	3	21	万向传动装置的功用		
76	1	2	3	22	主减速器的组成		
77	1	2	3	23	主减速器的功用		
78	1	2	3	24	差速器的组成		
79	1	2	3	25	差速器的功用		
80	1	2	3	26	汽车行驶系的组成		
81	1	2	3	27	汽车行驶系的功用		
82	1	2	3	28	车桥的组成		
83	1	2	3	29	车桥的功用		
84	1	2	3	30	悬架的组成		
85	1	2	3	31	悬架的功用		
86	1	2	3	32	转向轮定位的内容		
87	1	2	3	33	转向轮定位的功用		
88	1	2	3	34	转向系的组成		

续表

职业（工种）名称					汽车维修工	等级	三级
职业代码							
序号	鉴定点代码				鉴定点内容		备注
	章	节	目	点			
89	1	2	3	35	转向系的功用		
90	1	2	3	36	转向器的组成		
91	1	2	3	37	转向器的功用		
92	1	2	3	38	转向传动机构的组成		
93	1	2	3	39	制动系的组成		
94	1	2	3	40	制动系的功用		
95	1	2	3	41	制动器的功用		
96	1	2	3	42	鼓式制动器的组成		
97	1	2	3	43	盘式制动器的组成		
98	1	2	3	44	驻车制动器的组成和功用		
99	1	2	3	45	液压制动传动装置的组成		
100	1	2	3	46	液压制动传动装置的布置形式		
101	1	2	3	47	气压制动传动装置的组成		
102	1	2	3	48	气压制动传动装置的布置形式		
103	1	2	3	49	真空助力器的作用		
	1	2	4		汽车电气设备与电子控制装置		
104	1	2	4	1	蓄电池		
105	1	2	4	2	蓄电池的作用		
106	1	2	4	3	蓄电池的结构		
107	1	2	4	4	蓄电池的充、放电		
108	1	2	4	5	电解液		
109	1	2	4	6	放电特性		
110	1	2	4	7	火花塞的构造		
111	1	2	4	8	火花塞的性能要求		
112	1	2	4	9	火花塞的分类		
113	1	2	4	10	提高着火性的方法		

续表

职业（工种）名称					汽车维修工	等级	三级
职业代码							
序号	鉴定点代码				鉴定点内容	备注	
	章	节	目	点			
114	1	2	4	11	高压线的构造		
115	1	2	4	12	点火线圈的构造		
116	1	2	4	13	发电机原理		
117	1	2	4	14	硅整流发电机的构造		
118	1	2	4	15	调节器的构造和工作原理		
119	1	2	4	16	起动机的工作原理		
120	1	2	4	17	起动机的结构		
121	1	2	4	18	起动机的工作顺序		
122	1	2	4	19	汽车照明系统的组成		
123	1	2	4	20	汽车照明系统的功能		
124	1	2	4	21	无触点点火系的工作原理		
125	1	2	4	22	无触点点火系的优点		
126	1	2	4	23	无触点点火系的类型		
	1	2	5		电控发动机		
127	1	2	5	1	电控发动机燃油喷射系统的组成		
128	1	2	5	2	电控发动机燃油喷射系统的作用		
129	1	2	5	3	电控发动机空气供给系统的组成		
130	1	2	5	4	电控发动机空气供给系统的作用		
131	1	2	5	5	点火系的组成		
132	1	2	5	6	点火系的类型		
133	1	2	5	7	点火提前角和闭合角的控制		
134	1	2	5	8	发动机爆震控制		
135	1	2	5	9	怠速控制系统的组成		
136	1	2	5	10	怠速控制系统的作用		
137	1	2	5	11	排气净化和排放控制系统的组成		
138	1	2	5	12	排气净化和排放控制系统的作用		

续表

职业（工种）名称					汽车维修工	等级	三级
职业代码							
序号	鉴定点代码				鉴定点内容		备注
	章	节	目	点			
139	1	2	5	13	进气控制系统的类型		
140	1	2	5	14	进气控制系统的作用		
141	1	2	5	15	自诊断系统的作用		
142	1	2	5	16	自诊断系统的工作原理		
143	1	2	5	17	自诊断系统故障信息显示方法		
144	1	2	5	18	安全保险功能与备用系统		
	1	2	6		自动变速器		
145	1	2	6	1	电子控制自动变速器的组成		
146	1	2	6	2	电子控制自动变速器行星齿轮机构的组成		
147	1	2	6	3	电子控制自动变速器行星齿轮机构的原理		
148	1	2	6	4	电子控制自动变速器换挡原理		
149	1	2	6	5	电子控制自动变速器液压控制系统的组成		
150	1	2	6	6	电子控制自动变速器液压控制系统的作用		
151	1	2	6	7	电子控制自动变速器系统执行元件的组成		
152	1	2	6	8	电子控制自动变速器系统执行元件的作用		
153	1	2	6	9	电子控制自动变速器失速试验		
154	1	2	6	10	电子控制自动变速器换挡迟滞试验		
155	1	2	6	11	电子控制自动变速器油压试验		
	1	2	7		防抱死制动系统		
156	1	2	7	1	防抱死制动系统的基本组成		
157	1	2	7	2	防抱死制动系统的分类		
158	1	2	7	3	防抱死制动系统的控制过程		
159	1	2	7	4	防抱死制动系统的布置方式		
160	1	2	7	5	防抱死制动系统主要元件的作用		
161	1	2	7	6	四轮定位基本定义		
162	1	2	7	7	四轮定位仪的使用		

续表

职业（工种）名称					汽车维修工	等级	三级
职业代码							
序号	鉴定点代码				鉴定点内容	备注	
	章	节	目	点			
163	1	2	7	8	四轮定位调整方法		
	1	2	8		汽车空调		
164	1	2	8	1	汽车空调的组成		
165	1	2	8	2	汽车空调的工作过程		
166	1	2	8	3	手动空调的主要装置和作用		
167	1	2	8	4	手动空调的控制电路		
168	1	2	8	5	汽车采暖通风装置		
169	1	2	8	6	空调系统的正确使用和操作方法		
170	1	2	8	7	压缩机的结构		
171	1	2	8	8	压缩机的原理		
172	1	2	8	9	冷凝器的结构		
173	1	2	8	10	冷凝器的原理		
174	1	2	8	11	压力开关的结构		
175	1	2	8	12	压力开关的原理		
176	1	2	8	13	储液干燥瓶的结构		
177	1	2	8	14	储液干燥瓶的原理		
178	1	2	8	15	膨胀阀的结构		
179	1	2	8	16	膨胀阀的原理		
180	1	2	8	17	蒸发器的结构		
181	1	2	8	18	蒸发器的原理		
182	1	2	8	19	暖水箱的结构		
183	1	2	8	20	暖水箱的原理		
184	1	2	8	21	空调系统抽真空		
185	1	2	8	22	空调系统加注制冷剂		
186	1	2	8	23	空调系统加注冷冻油		
187	1	2	8	24	空调系统制冷剂回收		

续表

职业（工种）名称					汽车维修工	等级	三级
职业代码							
序号	鉴定点代码				鉴定点内容		备注
	章	节	目	点			
	2				专业知识		
	2	1			汽车维修质量检验		
	2	1	1		发动机主要部件维修质量检验		
188	2	1	1	1	汽缸体和汽缸盖平面翘曲维修质量检验		
189	2	1	1	2	汽缸缸径维修质量检验		
190	2	1	1	3	活塞维修质量检验		
191	2	1	1	4	汽缸漏气量维修质量检验		
192	2	1	1	5	活塞环维修质量检验		
193	2	1	1	6	连杆维修质量检验		
194	2	1	1	7	活塞与连杆组装后的维修质量检验		
195	2	1	1	8	曲轴维修质量检验		
196	2	1	1	9	曲轴主轴承与连杆轴承维修质量检验		
197	2	1	1	10	气门组零件维修质量检验		
198	2	1	1	11	气门传动组零件维修质量检验		
199	2	1	1	12	电动燃油泵维修质量检验		
200	2	1	1	13	桑塔纳 2000 型 GSi 燃油系统压力维修质量检验		
201	2	1	1	14	冷却水泵维修质量检验		
202	2	1	1	15	发动机温控风扇维修质量检验		
203	2	1	1	16	润滑系统维修质量检验		
204	2	1	1	17	机油泵维修质量检验		
205	2	1	1	18	晶体管点火系统高压回路部件维修质量检验		
206	2	1	1	19	点火线圈维修质量检验		
207	2	1	1	20	电控点火系统维修质量检验		
208	2	1	1	21	电控点火最佳点火提前角控制维修质量检验		
209	2	1	1	22	起动机维修质量检验		
210	2	1	1	23	起动机单向离合器维修质量检验		

续表

职业（工种）名称					汽车维修工	等级	三级
职业代码							
序号	鉴定点代码				鉴定点内容		备注
	章	节	目	点			
211	2	1	1	24	柴油机输油泵维修质量检验		
212	2	1	1	25	柴油机喷油泵维修质量检验		
213	2	1	1	26	发动机总成装配时维修质量检验		
214	2	1	1	27	发动机总成装配后维修质量检验		
	2	1	2		底盘主要部件维修质量检验		
215	2	1	2	1	离合器压盘维修质量检验		
216	2	1	2	2	离合器从动盘维修质量检验		
217	2	1	2	3	变速器齿轮轴维修质量检验		
218	2	1	2	4	桑塔纳变速器同步器维修质量检验		
219	2	1	2	5	等角速万向节传动轴维修质量检验		
220	2	1	2	6	麦弗逊式悬架减振器维修质量检验		
221	2	1	2	7	前悬架维修质量检验		
222	2	1	2	8	转向油泵压力维修质量检验		
223	2	1	2	9	盘式制动器制动钳维修质量检验		
	2	1	3		整车维修质量检验		
224	2	1	3	1	整车外观基本技术要求检验		
225	2	1	3	2	影响汽车行驶安全的基本技术要求检验		
226	2	1	3	3	全车所有螺栓、螺母基本技术要求检验		
227	2	1	3	4	发动机运转状况检验		
228	2	1	3	5	起动性能检验		
229	2	1	3	6	转向操纵机构检验		
230	2	1	3	7	离合器检验		
231	2	1	3	8	变速器检验		
232	2	1	3	9	自动变速器检验		
233	2	1	3	10	传动轴检验		
234	2	1	3	11	行驶机构检验		

续表

职业（工种）名称					汽车维修工	等级	三级
职业代码							
序号	鉴定点代码				鉴定点内容		备注
	章	节	目	点			
235	2	1	3	12	制动机构检验		
236	2	1	3	13	车身、车架检验		
237	2	1	3	14	照明装置检验		
238	2	1	3	15	在用车前照灯远光光束发光强度检验		
239	2	1	3	16	信号装置检验		
240	2	1	3	17	其他电气设备检验		
241	2	1	3	18	汽车动力性能指标检验		
242	2	1	3	19	排放性能指标检验		
243	2	1	3	20	滑行性能指标检验		
244	2	1	3	21	转向轻便性指标检验		
245	2	1	3	22	喇叭性能声级指标检验		
	2	2			电控系统故障诊断与排除		
	2	2	1		发动机常见故障诊断与排除		
246	2	2	1	1	无法起动故障诊断		
247	2	2	1	2	无法起动故障排除		
248	2	2	1	3	起动困难故障诊断		
249	2	2	1	4	起动困难故障排除		
250	2	2	1	5	怠速不稳故障诊断		
251	2	2	1	6	怠速不稳故障排除		
252	2	2	1	7	怠速过高故障诊断		
253	2	2	1	8	怠速过高故障排除		
254	2	2	1	9	加速不良故障诊断		
255	2	2	1	10	加速不良故障排除		
256	2	2	1	11	动力不足故障诊断		
257	2	2	1	12	动力不足故障排除		
258	2	2	1	13	排放超标故障诊断		

续表

职业（工种）名称					汽车维修工	等级	三级
职业代码							
序号	鉴定点代码				鉴定点内容		备注
	章	节	目	点			
259	2	2	1	14	排放超标故障排除		
260	2	2	1	15	油耗过高故障诊断		
261	2	2	1	16	油耗过高故障排除		
262	2	2	1	17	间歇性故障的诊断		
263	2	2	1	18	间歇性故障的排除		
264	2	2	1	19	游车故障诊断		
265	2	2	1	20	游车故障排除		
	2	2	2		底盘常见故障诊断与排除		
266	2	2	2	1	行驶跑偏		
267	2	2	2	2	传动轴异响		
268	2	2	2	3	转向球笼异响		
269	2	2	2	4	制动距离过长		
270	2	2	2	5	制动跑偏		
271	2	2	2	6	自动变速器漏油		
272	2	2	2	7	自动变速器油位过高		
273	2	2	2	8	自动变速器油位过低		
274	2	2	2	9	转速传感器故障诊断与排除		
275	2	2	2	10	制动压力调节器故障诊断与排除		
276	2	2	2	11	ABS及ECU故障诊断与排除		
	2	2	3		电控元件性能检测与故障排除		
277	2	2	3	1	曲轴位置传感器结构原理		
278	2	2	3	2	曲轴位置传感器检测与故障排除		
279	2	2	3	3	凸轮轴位置传感器结构原理		
280	2	2	3	4	凸轮轴位置传感器检测与故障排除		
281	2	2	3	5	进气温度传感器结构原理		
282	2	2	3	6	进气温度传感器检测与故障排除		

续表

职业（工种）名称					汽车维修工	等级	三级
职业代码							
序号	鉴定点代码				鉴定点内容		备注
	章	节	目	点			
283	2	2	3	7	水温传感器结构原理		
284	2	2	3	8	水温传感器检测与故障排除		
285	2	2	3	9	爆震传感器结构原理		
286	2	2	3	10	爆震传感器检测与故障排除		
287	2	2	3	11	节气门位置传感器结构原理		
288	2	2	3	12	节气门位置传感器检测与故障排除		
289	2	2	3	13	氧传感器结构原理		
290	2	2	3	14	氧传感器检测与故障排除		
291	2	2	3	15	空气流量计结构原理		
292	2	2	3	16	空气流量计检测与故障排除		
293	2	2	3	17	喷油器结构原理		
294	2	2	3	18	喷油器检测与故障排除		
295	2	2	3	19	怠速阀结构原理		
296	2	2	3	20	怠速阀检测与故障排除		
297	2	2	3	21	炭罐电磁阀结构原理		
298	2	2	3	22	炭罐电磁阀检测与故障排除		
299	2	2	3	23	EGR 电磁阀结构原理		
300	2	2	3	24	EGR 电磁阀检测与故障排除		
301	2	2	3	25	点火控制模块结构原理		
302	2	2	3	26	点火控制模块检测与故障排除		
303	2	2	3	27	车速传感器结构原理		
304	2	2	3	28	车速传感器检测与故障排除		
305	2	2	3	29	输入速度传感器结构原理		
306	2	2	3	30	输入速度传感器检测与故障排除		
307	2	2	3	31	油温传感器结构原理		
308	2	2	3	32	油温传感器检测与故障排除		

续表

职业（工种）名称					汽车维修工	等级	三级
职业代码							
序号	鉴定点代码				鉴定点内容	备注	
	章	节	目	点			
309	2	2	3	33	挡位开关结构原理		
310	2	2	3	34	挡位开关检测与故障排除		
311	2	2	3	35	换挡电磁阀结构原理		
312	2	2	3	36	换挡电磁阀检测与故障排除		
313	2	2	3	37	锁止离合器控制电磁阀（TCC）结构原理		
314	2	2	3	38	锁止离合器控制电磁阀（TCC）检测与故障排除		
315	2	2	3	39	油压电磁阀结构原理		
316	2	2	3	40	油压电磁阀检测与故障排除		
317	2	2	3	41	制动开关结构原理		
318	2	2	3	42	制动开关检测与故障排除		
319	2	2	3	43	轮速传感器结构原理		
320	2	2	3	44	轮速传感器检测与故障排除		
321	2	2	3	45	车身高度传感器结构原理		
322	2	2	3	46	车身高度传感器检测与故障排除		
323	2	2	3	47	转向角度传感器结构原理		
324	2	2	3	48	转向角度传感器检测与故障排除		
325	2	2	3	49	转向转矩传感器结构原理		
326	2	2	3	50	转向转矩传感器检测与故障排除		
327	2	2	3	51	模式选择开关结构原理		
328	2	2	3	52	模式选择开关检测与故障排除		
	2	3			汽车手动空调系统故障诊断与排除		
	2	3	1		手动空调系统常见故障排除		
329	2	3	1	1	制冷剂过少故障诊断		
330	2	3	1	2	制冷剂过少故障排除		
331	2	3	1	3	制冷剂过多故障诊断		
332	2	3	1	4	制冷剂过多故障排除		

续表

职业（工种）名称					汽车维修工	等级	三级
职业代码							
序号	鉴定点代码				鉴定点内容		备注
	章	节	目	点			
333	2	3	1	5	无制冷剂故障诊断		
334	2	3	1	6	无制冷剂故障排除		
335	2	3	1	7	不制冷故障诊断		
336	2	3	1	8	不制冷故障排除		
337	2	3	1	9	制冷量不足故障诊断		
338	2	3	1	10	制冷量不足故障排除		
339	2	3	1	11	压缩机不工作故障诊断		
340	2	3	1	12	压缩机不工作故障排除		
341	2	3	1	13	膨胀阀堵塞故障诊断		
342	2	3	1	14	膨胀阀堵塞故障排除		
343	2	3	1	15	不制热故障诊断		
344	2	3	1	16	不制热故障排除		
345	2	3	1	17	空调系统不出风故障诊断		
346	2	3	1	18	空调系统不出风故障排除		
347	2	3	1	19	空调系统出风量不足故障诊断		
348	2	3	1	20	空调系统出风量不足故障排除		
349	2	3	1	21	空调系统综合故障诊断		

第 3 部分

理论知识复习题

职业道德

一、判断题（将判断结果填入括号中。正确的填“√”，错误的填“×”）

1. 服务产品同其他有形产品一样，也强调产品要能满足不同的消费者需求。（ ）

2. 汽车维修对于确保客户的安全是一项重要的工作。（ ）

3. 职业素质是劳动者对社会职业了解与适应能力的一种综合体现。（ ）

二、单项选择题（选择一个正确的答案，将相应的字母填入题内的括号中）

1. 属于技术员工作职责的是（ ）。

A. 在能力所及的范围内处理一般的客户需求

B. 分配技术员工作，监督工作，并追踪工作进程

C. 进行维护和修理工作，并在结束后进行最后的检查

D. 进行维护和修理工作

2. 职业理想不包括（ ）。

A. 职业成就　B. 职业种类　C. 职业收入　D. 职业意义

3. 根据自己的性格特点选择合适的工作，应该按（ ）进行选择。

A. 职业成就　B. 职业种类　C. 职业收入　D. 职业意义

4. 职业道德素质的提高，一方面靠他律，即（ ）；另一方面就取决于自我修养。

A. 社会的培养和组织的教育　B. 主观努力

C. 其他原因　　　　　　　　　　　D. 客观原因

5. 职业素质是劳动者对社会职业了解与适应能力的一种综合体现，其主要表现在职业兴趣、职业能力、（　　）及职业情况等方面。

A. 职业收入　　B. 职业成就　　C. 职业个性　　D. 职业前景

三、多项选择题（选择一个以上正确的答案，将相应的字母填入题内的括号中）

1. 属于维修技工工作职责的是（　　）。

A. 在能力所及的范围内处理一般的客户需求

B. 分配技术员工作，监督工作，并追踪工作进程

C. 进行维护和修理工作，并在结束后进行最后的出厂检查

D. 进行维护作业

E. 进行修理作业

2. 职业理想的构成内容有（　　）。

A. 职业成就　　B. 职业种类　　C. 职业收入　　D. 职业意义

E. 职业前景

3. 职业素质是劳动者对社会职业了解与适应能力的一种综合体现，其主要表现在（　　）。

A. 职业兴趣　　B. 职业能力　　C. 职业个性　　D. 职业情况

E. 职业收入

专业基础知识

一、判断题（将判断结果填入括号中。正确的填"√"，错误的填"×"）

1. 电压也称为电势差或电位差，是衡量单位电荷在静电场中由于电势不同所产生的能量差的物理量。（　　）

2. 导体对电流的阻碍作用就叫该导体的电阻。（　　）

3. 电气设备在单位时间内消耗的电能称为电功率。（　　）

4. 电磁场可由变速运动的带电粒子引起，也可由强弱变化的电流引起。（　　）

5. 电磁感应是因磁通量变化产生感应电动势的现象。（　）

6. 电路的基本组成部分是电源和负载。（　）

7. 将两个以上电阻用平行的方式进行连接称为并联连接。（　）

8. 电气回路中流过的电流超过一定数值时，保护装置起作用，保护回路安全。（　）

9. 半导体是构成电子控制零部件的基础单元。（　）

10. 半导体如果受外部刺激，其性质不会发生变化。（　）

11. 二极管具有单向导通性能。（　）

12. 一般采用二极管整流。（　）

13. 齐纳二极管是一种特殊的二极管。（　）

14. 晶体管的工作原理与二极管相同。（　）

15. 增幅作用是晶体管的运用之一。（　）

16. 一般把金属材料分为黑色金属和有色金属两种。（　）

17. 按照国家标准规定，灰铸铁的牌号由“HT”和一组数字组成。（　）

18. 灰铸铁常用于制造机床床身、机架、箱体、壳体以及承受摩擦的导轨、缸体等零件。（　）

19. 塑料在日常生活和生产中应用非常广泛，其中热塑性塑料更占据总产量的 8 成。（　）

20. 汽油的牌号是以辛烷值划分的。（　）

21. 选择汽油牌号时应该恰当，不应盲目选择过高的牌号。（　）

22. 柴油的牌号是按凝点的高低来划分的。（　）

23. 发动机润滑油多采用黏度法和性能法分类。（　）

24. 发动机润滑油是车用润滑油中用量最大、性能要求较高的一种油品。（　）

25. 柴油机润滑油是根据其黏度和性能来分类的。（　）

26. 国际上只使用美国汽车工程师协会的分类标准来标定齿轮油。（　）

27. 在使用中，不同牌号的润滑油不能混用，以避免不同化学成分和性能的油脂混在一起影响使用性能和使用寿命。（　）

28. 现代汽车使用的制动液主要是合成型制动液。（　）

29. 空调制冷剂是一种化学物质，它是汽车空调制冷系统中完成制冷循环的工作介质。（ ）

30. 轮胎的层级是表示轮胎承载能力的相对指数，主要用于区别尺寸相同但结构和承载能力不同的轮胎。（ ）

31. 发动机基本由两大机构、五大系组成。（ ）

32. 曲柄连杆机构由活塞连杆组和曲轴飞轮组两部分组成。（ ）

33. 配气机构用于自由地将各缸进气门、排气门打开和关闭，以便发动机进行换气过程。（ ）

34. 配气机构用于不定时地将各缸进气门和排气门打开、关闭，以便发动机进行换气过程。（ ）

35. 柴油机燃油供给系统的功用是根据柴油机的工作要求，定时、定量、定压地将雾化质量良好的柴油按一定要求喷入缸内，使燃油与空气混合后迅速燃烧。（ ）

36. 水冷却系主要由散热器、水泵、风扇、节温器和水温表等主要部件组成。（ ）

37. 润滑系统除了包括油底壳、机油泵、机油滤清器、阀类外，还有分油管和输送润滑油的主油道。（ ）

38. 润滑系统除了润滑作用外，还具有散热、清洗、保护和密封等作用。（ ）

39. 离合器由主动部分、从动部分和操纵机构三大部分组成。（ ）

40. 离合器踏板自由行程过大，离合器则会打滑；自由行程过小，又会分离不彻底。（ ）

41. 手动变速器通常由换挡拨叉机构和定位锁止装置构成。（ ）

42. 手动变速器可以实现两侧车轮的不同速行驶。（ ）

43. 主减速器中采用双曲面齿轮的缺点是噪声大，承载能力低。（ ）

44. 主减速器可以改变转矩旋转的方向。（ ）

45. 普通行星齿轮式差速器由行星齿轮、半轴齿轮、行星齿轮轴、差速器壳等组成。（ ）

46. 车桥通过悬架与车架相连接，在其两端安装车轮。（ ）

47. 车桥可以分为转向桥、驱动桥和支持桥等类型。（ ）

48. 汽车悬架一般由弹性元件、导向装置、减振器和横向稳定杆等组成。（　　）
49. 当非独立悬架的汽车一侧车轮因路面不平而跳动时，另一侧车轮不会受影响。
（　　）
50. 车轮定位参数一般有五个。（　　）
51. 装用动力转向装置的汽车转向后，自动回正的能量将大为减弱。（　　）
52. 转向器一般按其啮合传动副的结构形式分类。（　　）
53. 转向纵拉杆的弹簧用于吸振、缓冲和消除磨损后造成的间隙。（　　）
54. 任何制动系都由四部分组成。（　　）
55. 鼓式制动器的固定元件多用带摩擦片的制动鼓。（　　）
56. 盘式制动器的旋转元件为圆盘状的制动盘。（　　）
57. 汽车在行驶时，常规制动失效后，驻车制动器可以临时用于将汽车减速。（　　）
58. 双管路液压系统中任何一套管路泄漏时，都将影响另一套管路的正常工作。（　　）
59. 安装 EBD（电子制动力分配）系统的车辆无须使用比例阀。（　　）
60. 蓄电池的作用就是储存电能。（　　）
61. 蓄电池的作用就是提供电能。（　　）
62. 蓄电池使用的金属材料是铜。（　　）
63. 火花塞采用了陶瓷绝缘体。（　　）
64. 火花塞根据电极来分类。（　　）
65. 提高着火性能的方法就是电极采用贵金属。（　　）
66. 高压线的作用是将点火线圈产生的高电压传递到火花塞。（　　）
67. 发电机为汽车提供电能并向蓄电池充电。（　　）
68. 电压调节器的作用是保持发电机输出电压的稳定。（　　）
69. 起动机是一种直流电动机。（　　）
70. 起动机吸引线圈由点火开关控制。（　　）
71. 无触点式点火又称为全晶体管式点火。（　　）
72. 无触点式点火提高了发动机的转速。（　　）
73. 无触点式点火系由独立点火和同时点火组成。（　　）

74. 电控发动机燃油喷射系统的作用只是提高发动机的动力性。（　）

75. 空气流量计的作用是测量发动机的进气量，电脑根据空气流量计的信号确定基本喷油量。（　）

76. 高压点火是点火类型的一种。（　）

77. 点火正时控制即最佳点火提前角的控制。（　）

78. 若发动机发生爆震，则应将点火提前角减小。（　）

79. 排气净化控制系统不包括氧传感器的反馈控制。（　）

80. 排气净化控制系统中的再循环系统主要用于降低 HC 和 CD 的排放量。（　）

81. 进气控制系统可提高发动机的充气效率。（　）

82. 自诊断系统只能向使用者发出警告。（　）

83. 采用备用系统时发动机故障灯点亮。（　）

84. 电子控制取代液压控制，实现了简化结构、提高精度的目的。（　）

85. 行星齿轮机构是通过法兰连接的。（　）

86. 电子控制自动变速器通过 TCU 来控制换挡。（　）

87. 自动变速器的液压控制系统利用液压使离合器和制动器在一定条件下工作，并在单向离合器配合下，使行星齿轮机构实现自动换挡。（　）

88. 电子控制自动变速器电脑具有大脑功能，能接受、存储、处理和发送信息，决定车辆的工作条件。（　）

89. 失速转速一般为 2 000 r/min 左右。（　）

90. 时滞试验的目的是进一步检查离合器、制动器磨损情况和控制油压是否正常。（　）

91. 车轮防抱死系统只可以按控制方式分类。（　）

92. ABS 控制分为四个阶段。（　）

93. 轮速传感器的作用是检测车轮的速度，并将速度信号输入电控单元（ECU）。（　）

94. 主销后倾角、主销内倾角、前轮外倾角和前轮前束统称为四轮定位。（　）

95. 一般轿车和客车、货车上通常只有制冷装置、暖风装置和通风装置。（　）

96. 汽车空调在工作过程中没有冷凝器也可以完成工作。（　　）

97. 手动调节的空调系统操作简单，控制参数灵敏。（　　）

98. 汽车采暖装置仅用来供暖。（　　）

99. 变排量压缩机可根据空调系统的制冷负荷自动改变排量，使空调系统的运行更加经济。（　　）

100. 布置冷凝器时应与水箱隔开一定的距离。（　　）

101. 冷凝器是由换热管、片组合成一体的换热装置。（　　）

102. 压力开关用来保护空调系统，一般安装在系统的高压回路中。（　　）

103. 储液干燥瓶集储存、干燥、过滤三种功能于一体。（　　）

104. 膨胀阀一般安装在蒸发器入口处。（　　）

105. 蒸发器安装在驾驶室仪表台后面。（　　）

106. 蒸发器是一个热交换器，膨胀阀喷出的雾状制冷剂在蒸发器中蒸发，吸收蒸发器外围空气的热量，使其降温，从而达到制冷的目的。（　　）

107. 空调电磁离合器的功用是控制发动机与压缩机之间的动力联系。（　　）

108. 空调一般可充注液态制冷剂和气态制冷剂。（　　）

109. 空调系统在正常情况下使用时冷冻油的消耗量很大。（　　）

110. 回收的制冷剂需经过再生处理。（　　）

二、单项选择题（选择一个正确的答案，将相应的字母填入题内的括号中）

1. 电压的单位是（　　）。

A. 伏特　　B. 瓦特　　C. 安培　　D. 欧姆

2. 电流的单位是（　　）。

A. 伏特　　B. 瓦特　　C. 安培　　D. 欧姆

3. 电阻的符号为（　　）。

A. R　　B. I　　C. U　　D. P

4. 电阻的单位是（　　）。

A. 伏特　　B. 瓦特　　C. 安培　　D. 欧姆

5. 电功率的单位是（　　）。

A. 伏特　　B. 瓦特　　C. 安培　　D. 欧姆

6. 关于欧姆定律，合适的描述是（　　）。

A. 电流与电阻成正比　　B. 电流与电压成正比

C. 电流与电压成反比　　D. 电流与电阻、电压无关

7. 向 1 Ω 的电阻施加 1 V 的电压时产生的电流大小就是（　　）安培。

A. 0　　B. 0.5　　C. 1.5　　D. 1

8. 电磁场是由（　　）引起的。

A. 不变的电流　　B. 不变的电压

C. 强弱变化的电流　　D. 较大的电阻

9. 感应电流产生的条件是（　　）。

A. 无切割磁感线的运动　　B. 电路是打开的

C. 穿过闭合电路的磁通量发生变化　　D. 磁通量不变化

10. 电路的基本组成部分是连接导线、负载和（　　）。

A. 正极　　B. 电动势　　C. 负极　　D. 电源

11. 电路中不能提供电能的称为（　　）。

A. 耗能元件　　B. 储能元件　　C. 电源元件　　D. 无源元件

12. 串联连接回路中，流过各电阻的电流（　　）。

A. 同各电阻的阻值成正比　　B. 同各电阻的阻值成反比

C. 相同　　D. 逐渐减小

13. 串联连接回路中，加在各电阻上的电压（　　）。

A. 同各电阻的阻值成正比　　B. 同各电阻的阻值成反比

C. 相同　　D. 逐渐增大

14. 熔断器的容量大约是负荷电流的（　　）倍。

A. 1　　B. 1.5　　C. 5　　D. 10

15. 常见的通断装置是指开关和（　　）。

A. 电磁阀　　B. 传感器　　C. 熔断器　　D. 继电器

16. 继电器利用作用在线圈上的（　　）开闭其触点，以便接通和断开电源。

A. 磁力线　　B. 磁场　　C. 电磁力　　D. 永久磁场

17. 常见的半导体有硅和（　　）。

A. 碳　　B. 铜　　C. 铅　　D. 锗

18. 如果温度升高，半导体的电阻值将（　　）。

A. 增大　　B. 不变

C. 减小　　D. 一会增大，一会减小

19. N型半导体是在有4个价电子的硅或锗中加入了有（　　）个价电子的砷元素。

A. 1　　B. 3　　C. 5　　D. 7

20. N型半导体带有很多（　　）。

A. 带正电量的空穴　　B. 带负电量的空穴

C. 带正电量的自由电子　　D. 带负电量的自由电子

21. 在二极管的P型侧接电源的正极，N型侧接电源的负极，其接合部的电场屏蔽将（　　）。

A. 增强　　B. 不变　　C. 减弱　　D. 消失

22. 在二极管的P型侧接电源的正极，N型侧接电源的负极，自由电子将越过接合面（　　）移动。

A. 向正极　　B. 向负极

C. 一半向正极，一半向负极　　D. 百分之二十向负极

23. 齐纳二极管的齐纳电压与二极管的击穿电压相比，齐纳电压（　　）。

A. 高　　B. 低

C. 与击穿电压相同　　D. 不确定

24. 晶体管有（　　）型。

A. NNP　　B. NPN　　C. PNN　　D. PPN

25. 晶体管有（　　）型。

A. NNP　　B. NPP　　C. PNP　　D. PPN

26. 对于NPN型晶体管，如果在集电极和发射极施加电压，其中集电极为正电压，那么基极内的空穴（　　）。

A. 朝集电极侧移动　　B. 朝发射极侧移动

C. 不动　　D. 在基极处无序运动

27. 晶体管不存在类似继电器（　）磨损、烧损等情况。

A. 线圈　　B. 触点　　C. 弹簧　　D. 动臂

28. 晶体管可用于开关回路、定时回路、电压限制和（　）。

A. 发动机转速传感　　B. 空气流量传感

C. 温度传感　　D. 电子点火

29. 有色金属可分为轻金属、重金属、稀有金属、放射性金属和（　）等。

A. 复合材料　　B. 功能材料　　C. 贵金属　　D. 高分子材料

30. 黑色金属是指（　）材料。

A. 铝　　B. 钢铁　　C. 铜　　D. 镁

31. 普通碳素结构钢的牌号有 Q195，Q215，Q235 和（　）等。

A. Q245　　B. Q275　　C. Q295　　D. Q305

32. 汽车上用耐热钢制造的零部件有（　）和涡轮增压器转子等。

A. 离合器壳体　　B. 汽缸盖

C. 发动机进、排气门　　D. 风扇

33. 非金属材料包括（　）。

A. 高分子材料　　B. 陶瓷材料

C. 复合材料　　D. 以上选项都是

34. 塑料的主要成分是（　）。

A. 固化剂　　B. 稳定剂

C. 有机合成树脂　　D. 添加剂

35. （　）属于高分子材料。

A. 塑料　　B. 钢铁　　C. 陶瓷　　D. 铝合金

36. 不是热塑性塑料的是（　）。

A. 有机玻璃　　B. ABS 塑料　　C. 聚氯乙烯　　D. 酚醛塑料

37. 一般压缩比低的汽车应选用（　）汽油，有利于经济性要求。

A. 低牌号 B. 高凝点 C. 高牌号 D. 低凝点

38. 汽油在使用性能上要求具有良好的抗爆性、化学安定性、耐腐蚀性、清洁性和（ ）。

A. 蒸发性 B. 低温流动性 C. 抗压性 D. 抗热性

39. 有关汽油使用时应注意的事项不正确的是（ ）。

A. 发动机长期使用后应及时维护，甚至可考虑更换汽油牌号

B. 由低牌号改用高牌号汽油时，可适当减小点火提前角

C. 汽油中不能掺入煤油或柴油

D. 汽油易燃、易爆，要注意安全

40. 有关汽油使用时应注意的事项不正确的是（ ）。

A. 由低牌号改用高牌号汽油时，可适当加大点火提前角

B. 发动机长期使用后应及时维护，甚至可考虑更换汽油牌号

C. 汽油中能掺入煤油或柴油

D. 汽油易燃、易爆，要注意安全

41. 柴油的使用性能用燃烧性、蒸发性、低温流动性、腐蚀性、清洁性和（ ）等指标来衡量。

A. 抗热性 B. 抗爆性 C. 抗压性 D. 黏度

42. 使用柴油时不正确的注意事项是（ ）。

A. 柴油入油箱前要充分沉淀

B. 柴油易爆且不稳定

C. 在寒冷地区，可向高凝点柴油中掺入裂化煤油以降低凝点

D. 低温难起动时可采用适当的预热措施

43. 使用柴油时不正确的注意事项是（ ）。

A. 柴油中可掺入汽油

B. 柴油入油箱前要充分沉淀

C. 在寒冷地区，可向高凝点柴油中掺入裂化煤油以降低凝点

D. 低温难起动时可采用适当的预热措施

44. 不是按照 SAE 等级分类的润滑油是（　　）。

A. 5W　　B. 10W　　C. 15W　　D. SD

45. 润滑油的作用不包括（　　）。

A. 吸收冲击负荷　　B. 冷却

C. 密封　　D. 润滑

46. 按照 API 等级分类的柴油机润滑油是（　　）。

A. 5W　　B. 10W　　C. 15W　　D. CD

47. 有关柴油机润滑油的作用说法错误的是（　　）。

A. 吸收冲击负荷　　B. 冷却

C. 密封　　D. 润滑

48. 目前国际上一般以美国汽车工程师协会和（　　）的分类标准来标定齿轮油。

A. 国际标准化组织　　B. 美国材料实验学会

C. 美国石油学会　　D. 美国国家标准学会

49. 目前国际上一般以美国石油学会和（　　）的分类标准来标定齿轮油。

A. 美国国家标准学会　　B. 美国材料实验学会

C. 国际标准化组织　　D. 美国汽车工程师协会

50. 汽车润滑脂主要性能指标有高低温性、稠度、防锈性、安定性和（　　）。

A. 耐腐蚀性　　B. 抗爆性　　C. 抗水性　　D. 清洁性

51. 防冻液应具备比热容大、黏度低、沸点高、不腐蚀冷却系统设备、不易着火燃烧、不易产生泡沫和（　　）等性能。

A. 凝点高　　B. 凝点低　　C. 冰点高　　D. 冰点低

52. 防冻液应具备冰点低、黏度低、沸点高、不腐蚀冷却系统设备、不易着火燃烧、不易产生泡沫和（　　）等性能。

A. 比热容小　　B. 凝点低　　C. 比热容大　　D. 凝点高

53. 国外汽车制动液的典型规格有美国联邦机动车辆安全标准、国际标准化组织标准和（　　）。

A. 美国石油学会标准　　B. 美国材料实验学会标准

C. 美国汽车工程师协会标准　　D. 美国国家标准学会标准

54. 有关 R12 与 R134A 系统的错误说法是（　　）。

A. 制冷部件不能混用　　B. 可使用同一种冷冻油

C. 不可用同一种软管　　D. 干燥剂不能混用

55. 轮胎使用的基本要求有正确选用轮胎，防止轮胎超载，保持轮胎气压正常，掌握车速，控制胎温，（　　）。

A. 轮胎不需换位使用　　B. 普通斜交轮胎可与子午线轮胎混用

C. 合理搭配轮胎　　D. 新胎宜用在后轮

56. 四冲程直列六缸发动机的工作顺序一般是（　　）。

A. 1—5—3—6—2—4　　B. 1—3—2—4—5—6

C. 1—2—3—4—5—6　　D. 1—6—4—2—3—5

57. 发动机的活塞行程为 80 mm，其曲柄半径应为（　　）mm。

A. 20　　B. 60　　C. 80　　D. 40

58. 排量为 1680 mL 的四缸发动机，其燃烧室容积为 60 mL，则压缩比等于（　　）。

A. 6　　B. 8　　C. 7　　D. 10

59. 曲柄连杆机构由汽缸体与曲轴箱组、曲轴飞轮组和（　　）组成。

A. 气门组　　B. 活塞连杆组

C. 上、下曲轴箱　　D. 气门传动组

60. 曲柄连杆机构把燃气作用在（　　）的力转变为曲轴的转矩，以便向工作机械输出机械能。

A. 汽缸体　　B. 连杆　　C. 活塞顶　　D. 飞轮

61. 曲柄连杆机构把燃气作用在活塞顶的力转变为（　　）的转矩，以便向工作机械输出机械能。

A. 曲轴　　B. 凸轮轴　　C. 连杆　　D. 活塞销

62. 配气机构由（　　）和气门传动组组成。

A. 气门组　　B. 摇臂组　　C. 推杆组　　D. 挺杆组

63. 配气机构的作用是按照发动机工作顺序和（　　），定时地将各缸进气门与排气门打开或关闭，以便使发动机进行换气过程。

A. 气门位置　　B. 发动机转速

C. 曲轴转角　　D. 每一缸工作循环的要求

64. 柴油机燃料供给系由燃油箱、滤清器、（　　）、喷油泵、喷油器和油管等组成。

A. 排气管　　B. 进气管　　C. 燃烧室　　D. 输油泵

65. 柴油机燃油供给系统的功用是根据柴油机的工作要求，定时、（　　）、定压地将雾化质量良好的柴油按一定要求喷入缸内，使燃油与空气混合后迅速燃烧。

A. 定温　　B. 定量　　C. 不定温　　D. 不定量

66. 柴油机燃油供给系统的功用是根据柴油机的工作要求，定时、定量、（　　）地将雾化质量良好的柴油按一定要求喷入缸内，使燃油与空气混合后迅速燃烧。

A. 定温　　B. 不定温　　C. 定压　　D. 不定压

67. 水冷却系由（　　）、水泵、风扇、散热器和水温表等主要部件组成。

A. 节温器　　B. 喷水器　　C. 油泵　　D. 集滤器

68. 冷却系应能（　　），还能对冷却强度进行调节。

A. 过滤杂质　　B. 清洁　　C. 冷却　　D. 润滑

69. 润滑系主要包括油底壳、机油泵、（　　）和阀类等。

A. 调节器　　B. 节温器　　C. 机油滤清器　　D. 散热器

70. 润滑系主要包括油底壳、（　　）、机油滤清器和阀类等。

A. 节温器　　B. 集滤器　　C. 喷油器　　D. 机油泵

71. 汽车传动系由飞轮、离合器、（　　）、传动轴、万向传动装置、主减速器、差速器和半轴组成。

A. 制动泵　　B. 横拉杆　　C. 变速器　　D. 转向节

72. 传动系具有减速、变速、倒车、中断动力、（　　）等功能。

A. 转向稳定　　B. 承受负载　　C. 差速　　D. 缓冲及减振

73. 传动系具有减速、变速、倒车、差速、（　　）等功能。

A. 转向稳定　　B. 承受负载　　C. 缓冲及减振　　D. 中断动力

74. 离合器主动部分由飞轮、（　　）和离合器盖组成。

A. 定位销　　B. 压盘　　C. 膜片　　D. 收缩弹簧

75. 离合器的功用是便于换挡，(　　)，保证平稳起步，防止传动系过载。

A. 实现倒车　　B. 改变传递路线

C. 传递转矩　　D. 降速增扭

76. 手动变速器通常由变速传动机构和（　　）构成。

A. 齿轮副　　B. 变速器操纵机构

C. 换挡拨叉机构　　D. 定位锁止装置

77. 手动变速器的功用是（　　）。

A. 实现转向　　B. 改变发动机的负荷

C. 实现两侧车轮以不同速度旋转　　D. 改变传动比

78. 手动变速器的功用是（　　）。

A. 中断发动机向驱动桥的动力传递

B. 实现差速运转

C. 实现两侧车轮以不同速度旋转

D. 实现转向

79. 万向传动装置一般由万向节和（　　）组成。

A. 传动轴　　B. 车轮　　C. 车架　　D. 悬架

80. 在单十字轴万向节有夹角时，如果主动轴以等角速度转动，从动轴的速度（　　）。

A. 快　　B. 与主动轴相同

C. 慢　　D. 时快时慢

81. 主减速器按参加减速传动的齿轮副数目分类，可分为单级式和（　　）。

A. 四级式　　B. 多级式　　C. 三级式　　D. 双级式

82. 主减速器按传动比挡数分类，可分为单速式和（　　）。

A. 高速式　　B. 多速式　　C. 双速式　　D. 低速式

83. 普通行星齿轮式差速器由半轴齿轮、行星齿轮轴、差速器壳和（　　）等组成。

A. 行星齿轮　　B. 驱动轮

C. 变速器输出轴　　D. 主动锥齿轮

84. 当汽车转弯行驶时，差速器内的行星齿轮处于（　　）状态。

A. 公转　　B. 自转

C. 既公转又自转　　D. 自由旋转

85. 当汽车直线行驶时，差速器内的行星齿轮处于（　　）状态。

A. 公转　　B. 自转

C. 既公转又自转　　D. 自由旋转

86. 轮式汽车行驶系一般由车轮、车桥、（　　）和悬架等组成。

A. 转向横拉杆　　B. 转向节臂　　C. 半轴　　D. 车架

87. 汽车行驶系的作用是（　　）。

A. 承受地面的各种反力和力矩　　B. 改变汽车行驶方向

C. 降速增扭　　D. 减少汽车排放

88. 非独立悬架转向桥主要由前梁、转向主销和（　　）组成。

A. 转向节　　B. 传动系　　C. 半轴　　D. 差速器

89. 转向驱动桥有驱动桥和（　　）的作用。

A. 缓冲及减振　　B. 行驶桥　　C. 转向桥　　D. 制动

90. 汽车悬架一般由弹性元件、（　　）、减振器和横向稳定杆等组成。

A. 钢板弹簧　　B. 离合器　　C. 螺旋弹簧　　D. 导向装置

91. 汽车悬架一般由弹性元件、（　　）、导向装置和横向稳定杆等组成。

A. 钢板弹簧　　B. 离合器　　C. 减振器　　D. 螺旋弹簧

92. 前轮定位包括（　　）、主销后倾、主销内倾、前轮前束四个内容。

A. 前轮外倾　　B. 主销外倾　　C. 车轮内倾　　D. 主销前倾

93. 转向轮定位具有提高转向操纵的轻便性，（　　），自动回正等功用。

A. 保证直线行驶的稳定性　　B. 提高动力性

C. 提高经济性　　D. 减少排放

94. 转向轮定位具有保证直线行驶的稳定性，（　　），自动回正等功用。

A. 提高经济性　　B. 提高动力性

C. 提高转向操纵的轻便性　　D. 减少排放

95. 桑塔纳汽车采用（ ）转向器。

A. 齿轮齿条式 B. 循环球式 C. 曲柄指销式 D. 蜗杆滚轮式

96. 汽车转向时，内、外转向轮偏转角间的正确关系是由（ ）来保证的。

A. 转向盘 B. 横直拉杆

C. 转向梯形机构 D. 主销后倾角

97. 目前，普通乘用小客车多采用（ ）转向器。

A. 齿轮齿条式 B. 循环球式 C. 曲柄指销式 D. 蜗杆滚轮式

98. 齿轮齿条式转向器的（ ）。

A. 正效率高 B. 逆效率高

C. 正、逆效率都高 D. 正、逆效率都不高

99. 转向传动机构可以将（ ）输出的力传给转向轮。

A. 转向盘 B. 转向器 C. 转向节 D. 梯形臂

100. 对于前轮采用独立悬架的汽车，转向梯形机构中的横拉杆应是（ ）的。

A. 断开式 B. 整体式 C. 组合式 D. 没有特别规定

101. 汽车制动实际上是将（ ）转化为热能。

A. 重力势能 B. 动能 C. 阻力能 D. 压力能

102. 制动器可以分为车轮制动器和（ ）。

A. 驻车制动器 B. 行车制动器

C. 气压制动器 D. 液压制动器

103. 不是鼓式制动器形式的是（ ）。

A. 简单平衡式 B. 液压式

C. 单向平衡式 D. 双向平衡式

104. 气压制动器的驱动力完全由（ ）产生。

A. 液压 B. 气压 C. 制动踏板 D. 制动蹄

105. 盘式制动器的优点是（ ）。

A. 制动力较稳定 B. 耐衰减性能良好

C. 水湿恢复迅速 D. 以上选项都是

106. 驻车制动器的操纵类型是（　　）。

A. 脚踩式　　B. 手动式　　C. 电控按钮式　　D. 以上选项都可以

107. 制动主缸又称为制动（　　）。

A. 轮缸　　B. 总泵　　C. 分泵　　D. 比例阀

108. 桑塔纳汽车液压制动传动装置的布置形式是（　　）。

A. II 型　　B. X 型　　C. HI 型　　D. HH 型

109. 液压制动系统的分泵体上一般都有（　　）孔和进油孔。

A. 放水　　B. 进气　　C. 放气　　D. 出油

110. 比例阀用于调节（　　）。

A. 前轮制动力　　B. 后轮制动力

C. 四轮制动力　　D. 左、右轮制动力

111. 真空助力器的（　　）工作时产生的推力直接作用在制动主缸的活塞推杆上。

A. 真空加力气室　　B. 控制阀

C. 辅助缸　　D. 主缸

112. 汽车制动系中真空助力器的助力源是大气与（　　）。

A. 液压油　　B. 压缩空气

C. 发动机的真空度　　D. 制动液

113. 乘用车使用（　　）V 蓄电池。

A. 6　　B. 12　　C. 24　　D. 36

114. 发动机起动时提供电能的是（　　）。

A. 发电机　　B. 起动机　　C. 电气负荷　　D. 蓄电池

115. 电槽内部被分为（　　）个单元。

A. 2　　B. 4　　C. 6　　D. 8

116. 充电时（　　）。

A. 硫酸浓度降低，电动势下降　　B. 硫酸浓度升高，电动势下降

C. 硫酸浓度降低，电动势升高　　D. 硫酸浓度升高，电动势升高

117. 完全放电，20℃时电解液的相对密度大约是（　　）。

A. 1.12　　B. 1.20　　C. 1.24　　D. 1.28

118. 完全充电，20℃时电解液的相对密度大约是（　　）。

A. 1.12　　B. 1.20　　C. 1.24　　D. 1.28

119. 蓄电池不用，其电容量将（　　）。

A. 升高　　B. 下降　　C. 不变　　D. 先升高后下降

120. 在火花塞中嵌入（　　）芯可迅速散发热量。

A. 铜　　B. 碳　　C. 铁　　D. 铝

121. 火花塞的自我净化温度大约为（　）℃。

A. 350　　B. 450　　C. 550　　D. 650

122. 火花塞根据（　　）来分类。

A. 着火性能　　B. 散发热量　　C. 绝缘性能　　D. 密封性能

123. 低热值型火花塞适用于（　　）。

A. 低速连续行驶，小负荷缓慢行驶

B. 高速连续行驶，小负荷缓慢行驶

C. 低速连续行驶，大负荷缓慢行驶

D. 高速连续行驶，大负荷缓慢行驶

124. 火花塞的中心电极采用（　　）可以提高着火性能。

A. T形槽　　B. V形槽　　C. U形槽　　D. Z形槽

125. 一次绕组的匝数同二次绕组相比，（　　）。

A. 一次大于二次　　B. 一次等于二次

C. 一次小于二次　　D. 以上选项都有可能

126. 断开电流时，一次绕组上会产生（　　）V的电动势。

A. 0～200　　B. 300～500　　C. 700～900　　D. 1 000～1 200

127. 发动机中的三个线圈绕组按照相互成（　　）的位置排列。

A. 90°　　B. 120°　　C. 150°　　D. 180°

128. 整流器一般使用（　　）个二极管。

A. 1～3　　B. 3～6　　C. 6～9　　D. 9～12

129. 发电机的电压过低时，（　　）。

A. 三极管切断，线圈断电，发电机发电

B. 三极管切断，线圈通电，发电机发电

C. 三极管导通，线圈断电，发电机发电

D. 三极管导通，线圈通电，发电机发电

130. 起动机的运转利用了（　　）。

A. 磁力线　　B. 电磁力　　C. 电场　　D. 磁场

131. 由于励磁线圈要流过强电流，故采用（　　）带制成。

A. 铁　　B. 铝　　C. 铜　　D. 镁

132. 起动机内的碳刷有 4 个，每个碳刷之间间隔（　　）。

A. 90°　　B. 120°　　C. 150°　　D. 180°

133. 起动机工作时，吸引线圈和保持线圈通电，小齿轮与飞轮齿环啮合，（　　），起动机起动。

A. 接触盘接合　　B. 吸引线圈断电

C. 保持线圈断电　　D. 吸引线圈和保持线圈同时断电

134. 在城市夜间行驶时，一般开（　　）。

A. 近光灯　　B. 示宽灯

C. 远光灯　　D. 不用照明灯，依靠路灯照明

135. 示宽灯的作用是（　　）。

A. 夜间行驶时提醒对方车辆宽度

B. 夜间倒车时显示车辆宽度

C. 夜间进入车库时显示车辆宽度

D. 夜间在路边停车时显示车辆宽度

136. 无触点式点火按工作原理可分为磁脉冲式和（　　）。

A. 光电式　　B. 霍尔式　　C. 电磁振荡式　　D. 电流式

137. 电子点火控制装置最核心的部件是（　　）。

A. ECU　　B. 传感器　　C. 点火线圈　　D. 高压线

138. 对于同时点火方式控制的四缸发动机，每次点火控制（　　）个缸。

A. 1　　B. 2　　C. 3　　D. 4

139. 电控燃油喷射系统由电子控制系统、燃油供给系统和（　　）组成。

A. 润滑系统　　B. 空气供给系统

C. 冷却系统　　D. 配气系统

140. 电控发动机根据（　　）设置喷油量。

A. 进气量　　B. 排气量　　C. 固定油量　　D. 真空度

141. 电控发动机燃油喷射系统（　　）。

A. 能提供更清洁的空气　　B. 能提供最佳空燃比的混合气

C. 能提供更清洁的燃油　　D. 能继续使用化油器

142. 电控发动机空气供给系统主要由空气滤清器、节气门体、空气流量计、进气管道和（　　）等组成。

A. 怠速控制阀　　B. 喷油器

C. 油压调节器　　D. 氧传感器

143. 电子点火系统主要由点火电子组件、（　　）、点火信号发生器、火花塞、点火线圈组成。

A. 高压线　　B. 分电器　　C. 三极管　　D. 整流器

144. 电子点火系统主要由点火电子组件、分电器、点火信号发生器、（　　）、点火线圈组成。

A. 高压线　　B. 整流器　　C. 三极管　　D. 火花塞

145. 点火系可分为传统电子点火、普通电子点火、（　　）。

A. 高压电点火　　B. 低压电点火

C. 全电子点火　　D. 电压式点火

146. 闭合角的控制包括通过电流的控制和（　　）。

A. 一次绕组接通时间的控制　　B. 二次电压的控制

C. 一次电压的控制　　D. 二次绕组接通时间的控制

147. 汽油机爆震的检测方法主要有汽缸压力检测法、燃烧噪声检测法和（　　）。

A. 共振法　　B. 非共振法

C. 发动机机体振动检测法　　D. 电压法

148. 怠速进气控制方式主要有旁通空气道式和（　　）。

A. 节气门旁动式　　B. 旁通节气门式

C. 节气门直动式　　D. 旁通油道式

149. 一般电脑对怠速控制的内容包括暖机控制、减速时的控制、负荷变化时的控制和（　　）。

A. 点火提前角控制　　B. 起动后控制

C. 加速时的控制　　D. 闭合角的控制

150. 一般电脑对怠速控制的内容包括起动后控制、减速时的控制、负荷变化时的控制和（　　）。

A. 暖机控制　　B. 点火提前角控制

C. 加速时的控制　　D. 闭合角的控制

151. 排气净化控制系统包括氧传感器的反馈控制、活性炭罐清洗控制、二次空气喷射控制和（　　）等。

A. 点火提前角控制　　B. 废气再循环

C. 闭合角控制　　D. 进气控制

152. 进气控制系统的类型主要有进气涡流控制、配气定时控制、增压控制和（　　）。

A. 二次空气喷射控制　　B. EGR 控制

C. 活性炭罐清洗控制　　D. 进气谐振增压控制

153. 进气控制系统的类型主要有进气谐振增压控制、配气定时控制、增压控制和（　　）。

A. 二次空气喷射控制　　B. 进气涡流控制

C. 活性炭罐清洗控制　　D. EGR 控制

154. 进气控制系统可提高发动机充气效率，提高发动机高速时的输出功率以及（　　）。

A. 减少进气量　　B. 提高发动机排放

C. 提高发动机进油量　　D. 提高低速时的转矩

155. 自诊断系统具有向使用者发出故障警告，向维修人员提供故障信息，（　　）等功能。

A. 带故障运行控制　　B. 排除故障

C. 更换零部件　　D. 自我修复

156. 当检测到故障时，自诊断系统完成以下基本工作：储存故障信息，启动带故障运行控制功能，（　　）。

A. 以灯光向驾驶员发出故障信号

B. 显示故障信息

C. 停止工作

D. 自我排除故障

157. 自诊断系统故障信息的读取可采用就车读取和（　　）。

A. 连接显示器读取　　B. 手机读取

C. 自动显示　　D. 外接设备读取

158. 在汽车电子控制系统中，（　　）是决定发动机运行和汽车行驶安全的主要部件。

A. 执行器　　B. 传感器　　C. ECU　　D. 熔断器

159. 当确认（　　）有故障时，计算机根据故障的严重程度采取相应的安全措施。

A. ECU　　B. 传感器　　C. 执行器　　D. 熔断器

160. 电子控制自动变速器主要由（　　）、液力变矩器、齿轮变速器、液压控制系统组成。

A. 耦合器　　B. 单向离合器

C. 传感器　　D. 电子控制系统

161. 太阳轮为输入件，行星架为输出件，齿圈固定，则行星架的运动情况是（　　）。

A. 以较快的速度与太阳轮反向旋转

B. 以较慢的速度与太阳轮反向旋转

C. 以较快的速度与太阳轮同向旋转

D. 以较慢的速度与太阳轮同向旋转

162. 齿圈为输入件，行星架固定，太阳轮为输出件，则太阳轮的运动情况是（　　）。

A. 自转　B. 公转　C. 空转　D. 反转

163. 自动变速器电脑主要根据节气门位置传感器和（　　）的信息控制换挡电磁阀动作，通过液压控制系统控制行星齿轮机构中的离合器和制动器，实现换挡。

A. 轮速传感器　B. 进气压力传感器

C. 进气温度传感器　D. 车速传感器

164. 电子控制自动变速器液压控制系统主要由（　　）、液压泵、液压管路组成。

A. 控制换挡执行机构　B. 控制换挡传递机构

C. 吸油泵　D. 液压控制阀

165. 自动变速器的液压控制系统利用液压使离合器和（　　）在一定条件下工作，并在单向离合器配合下，使行星齿轮机构实现自动换挡。

A. 转向器　B. 减速器　C. 差速器　D. 制动器

166. 电子控制自动变速器系统的执行元件有换挡电磁阀、（　　）、压力控制电磁阀等。

A. 变矩器电磁阀　B. 油路电磁阀

C. TCC 电磁阀　D. 离合器电磁阀

167. 电子控制自动变速器电脑通常控制（　　）。

A. 发动机工作状况　B. 进油电磁阀

C. 出油电磁阀　D. 换挡电磁阀工作，从而控制变速器挡位

168. 电子控制自动变速器电脑通常（　　）。

A. 通过控制压力电磁阀电流大小来调节主油路油压

B. 控制进油电磁阀

C. 控制出油电磁阀

D. 控制发动机工作状况

169. 失速试验排挡手柄应在（　　）挡。

A. D 或 R　B. D 或 N　C. D 或 P　C. N 或 P

170. 若 D 挡、R 挡怠速时油压数值都过高，则可能是（　　）。

A. 主油路调压阀卡死或调压弹簧过硬

B. 主油路调压阀卡死或调压弹簧过软

C. 主油路有泄漏处

D. 离合器有泄漏处

171. 若 D 挡、R 挡怠速时油压数值都过低，则可能是（　　）。

A. 主油路调压阀卡死或调压弹簧过硬

B. 主油路调压阀卡死或调压弹簧过软

C. 油压电磁阀损坏或线路故障

D. 离合器有泄漏处

172. 车轮防抱死制动系统电子控制系统一般由传感器、ECU、（　　）、警告灯组成。

A. 制动片　B. 制动鼓　C. 执行器　D. 调节器

173. ABS 根据通道数不同可分为（　　）种。

A. 2　B. 3　C. 4　D. 5

174. ABS 控制过程分为制动压力建立阶段、（　　）、制动压力下降阶段、制动压力增加阶段。

A. 制动压力恢复阶段　B. 制动压力保持阶段

C. 制动压力上升阶段　D. 制动压力结束阶段

175. ABS 布置形式有四传感器四通道、四传感器三通道、四传感器二通道和（　　）。

A. 四传感器一通道　B. 三传感器四通道

C. 三传感器三通道　D. 三传感器二通道

176. 轮速传感器的作用是检测车轮的速度和（　　）。

A. 检测车速　B. 控制车速

C. 检测发动机转速　D. 将速度信号输入电控单元

177. 轮速传感器的作用是（　　）并将速度信号输入电控单元。

A. 检测车速　B. 检测车轮的速度

C. 检测发动机转速　D. 控制车速

178. 四轮定位包含了后轮定位和（　　）。

A. 右轮定位　B. 左轮定位

C. 前轮定位　　D. 转向轮定位

179. 四轮定位调整常用的方法有：从上控制臂调整，从减振器顶部进行调整，从减振器支架部位进行调整，（　　）。

A. 从车轮调整　　B. 从下控制臂调整

C. 从主销调整　　D. 从转向节调整

180. 四轮定位调整常用的方法有：从上控制臂调整，从下控制臂调整，从减振器支架部位进行调整，（　　）。

A. 从车轮调整　　B. 从转向节调整

C. 从主销调整　　D. 从减振器顶部进行调整

181. 汽车空调系统主要由制冷装置、暖风装置、（　　）、加湿装置、空气净化装置组成。

A. 节温装置　　B. 压缩装置　　C. 通风装置　　D. 温控装置

182. 汽车空调系统中将高温、高压气体变成中温、高压液体的是（　　）。

A. 冷凝器　　B. 膨胀阀　　C. 压缩机　　D. 蒸发器

183. 手动空调控制板一般由温度键、调风键、后除霜键和（　　）组成。

A. 功能选择键　　B. 通风键

C. 制热键　　D. 制冷键

184. 桑塔纳汽车空调系统中的空调继电器控制（　　）。

A. 鼓风机的低速旋转　　B. 空调电磁离合器吸合

C. 怠速电磁阀供电　　D. 内、外循环电磁阀供电

185. 汽车采用余热供暖的方式可分为废气水暖式、气暖式和（　　）。

A. 另置热源水暖式　　B. 独立式

C. 水暖式　　D. 加热式

186. 汽车采用余热供暖的方式可分为水暖式、气暖式和（　　）。

A. 另置热源水暖式　　B. 独立式

C. 加热式　　D. 废气水暖式

187. 下列关于使用空调的观点错误的是（　　）。

A. 发动机停止运转后切勿使用空调

B. 在大负荷时应暂时关闭空调系统

C. 长期停置时应定期开动压缩机

D. 汽车空调可以长期使用，无须保养

188. 曲柄连杆式压缩机的工作过程由（　　）、膨胀、排气和压缩过程组成。

A. 吸气　　B. 做功　　C. 点火　　D. 爆燃

189. 曲柄连杆式压缩机的工作过程由吸气、压缩、（　　）和排气过程组成。

A. 膨胀　　B. 做功　　C. 点火　　D. 爆燃

190. 冷凝器的结构形式一般有管翅式、冷凝器水箱一体式和（　　）。

A. 叶片式　　B. 管条式　　C. 板翅式　　D. 管带式

191. 冷凝器将压缩机排出的气体进行（　　）。

A. 冷却　　B. 升温　　C. 升压　　D. 降压

192. 压力开关的形式有高压保护开关、低压保护开关和（　　）。

A. 高低压联动开关　　B. 中压保护开关

C. 泄压保护开关　　D. 升压保护开关

193. 低压压力保护开关可以（　　），决定压缩机是否工作。

A. 检测泄漏量　　B. 检测制冷剂状态

C. 检测系统压力　　D. 检查制冷温度

194. 储液干燥瓶主要由引出管、过滤器、易熔塞、视液镜、进口、出口和（　　）等组成。

A. 孔管　　B. 干燥剂　　C. 单向阀　　D. 泄压阀

195. 储液干燥瓶主要由引出管、过滤器、易熔塞、干燥剂、进口、出口和（　　）等组成。

A. 孔管　　B. 泄压阀　　C. 单向阀　　D. 视液镜

196. 储液干燥瓶集过滤、干燥、（　　）三种功能于一体。

A. 防腐蚀　　B. 储存　　C. 防锈　　D. 防冻

197. 作用于内平衡式膨胀阀膜片下方的是（　　）。

A. 蒸发器出口压力　　B. 蒸发器进口压力
C. 蒸发器进口温度　　D. 蒸发器出口温度

198. 作用于外平衡式膨胀阀膜片下方的是（　　）。
A. 蒸发器出口压力　　B. 蒸发器进口压力
C. 蒸发器进口温度　　D. 蒸发器出口温度

199. 蒸发器的结构形式一般有管翅式、板翅式和（　　）。
A. 叶片式　　B. 管条式
C. 冷凝器水箱一体式　　D. 管带式

200. 蒸发器温度控制的目的是（　　）。
A. 防止结霜　　B. 防止烧穿
C. 防止压力过大　　D. 防止压力过小

201. 蒸发器温度控制在（　　）℃之间。
A. －10～0　　B. 0～10　　C. 10～20　　D. 0～2

202. 暖水箱的结构形式一般有管带式和（　　）。
A. 叶片式　　B. 管翅式
C. 冷凝器水箱一体式　　D. 管条式

203. 空调系统抽真空，可以排除系统中的空气和（　　）。
A. 水分　　B. 杂质　　C. 制冷剂　　D. 冷冻油

204. 空调系统抽真空，可以排除系统中的水分和（　　）。
A. 制冷剂　　B. 杂质　　C. 空气　　D. 冷冻油

205. 空调一般可充注液态制冷剂和（　　）。
A. 气态制冷剂　　B. 气液混合制冷剂
C. 高压制冷剂　　D. 低压制冷剂

206. 添加冷冻油的方法一般有真空吸入法和（　　）。
A. 高压加入法　　B. 低压充入法
C. 直接加入法　　D. 随制冷剂一起充注

207. 制冷剂的回收技术主要有冷却法、吸附脱离法和（　　）。

A. 加热法　　B. 直接加入法　　C. 压缩法　　D. 真空吸入法

三、多项选择题（选择一个以上正确的答案，将相应的字母填入题内的括号中）

1. 有关电压叙述正确的是（　　）。

A. 电压是静电场或电路中两点间电动势之差

B. 电压的单位是伏特

C. 电压可分为高电压与低电压

D. 电压的大小取决于电动势

E. 电压的符号是 U

2. 有关电压和电流叙述正确的是（　　）。

A. 在导体上施加电压就会有电流流过

B. 电流的单位是安培

C. 电流可分为交流电和直流电

D. 电流的符号是 I

E. 电流是自行产生的

3. 有关电动势叙述正确的是（　　）。

A. 电动势表示非静电力把单位正电荷从负极经电源内部移到正极所做的功

B. 电动势表示静电力把单位正电荷从电场中的某一点移到另一点所做的功

C. 电动势的单位是瓦特

D. 电动势的符号是 E

E. 电动势的单位是伏特

4. 有关电功率叙述正确的是（　　）。

A. 电功率是电气设备在单位时间内消耗的电能

B. 电功率的单位是瓦特

C. 电功率的符号是 P

D. 电功率的大小与时间无关

E. 电功率的大小和电压无关

5. 关于欧姆定律，合适的描述是（　　）。

A. 电流与电阻成正比　　B. 电流与电压成正比

C. 电流与电压成反比　　D. 电流与电阻、电压无关

E. 电流与电阻成反比

6. 感应电流产生的条件有（　　）。

A. 电路是闭合且通的

B. 穿过闭合电路的磁通量发生变化

C. 电路的一部分在磁场中做切割磁感线运动

D. 磁通量不需变化

E. 电路可以是打开的

7. 电路的基本组成部分是（　　）。

A. 电源　　B. 负载　　C. 连接导线　　D. 正极

E. 负极

8. 关于并联连接回路，描述正确的是（　　）。

A. 加在各电阻上的电压相同

B. 总的电流等于各电阻的电流之和

C. 流过各电阻的电流相同

D. 加在各电阻上的电压同电阻成反比

E. 电阻与电流、电压无关

9. 漏电保护装置按检测信号不同可分为（　　）。

A. 电压动作型　　B. 电流动作型

C. 电阻动作型　　D. 电动势动作型

E. 电感动作型

10. 关于继电器的说法正确的是（　　）。

A. 能够缩短流过大电流回路的电线，并能将开关设置在远离需要接通和断开的回路的地方

B. 能够实现各装置操作的自动化或远距离操作

C. 能够使用触点容量小的开关

D. 能够代替熔断器

E. 能够代替熔丝

11. 半导体的特性是（　　）。

A. 电阻率特性　　B. 导电特性

C. 光电特性　　D. 负的电阻率温度特性

E. 整流特性

12. 半导体按照其制造技术可以分为（　　）等。

A. 集成电路器件　　B. 分立器件

C. 光电半导体　　D. 逻辑 IC

E. 模拟 IC

13. 二极管的内部结构可以分为（　　）。

A. 点接触型　　B. 面接触型

C. 线接触型　　D. 无接触型

E. 全接触型

14. 关于二极管的应用，正确的是（　　）。

A. 异常脉冲的吸收　　B. 逆电动势的吸收

C. 防止逆流　　D. 稳压

E. 放大功能

15. 齐纳二极管的作用是（　　）。

A. 稳压　　B. 调压　　C. 减压　　D. 吸收逆电动势

E. 放大功能

16. 属于晶体管的电极是（　　）。

A. 触发极　　B. 发射极　　C. 基极　　D. 集电极

E. 放大极

17. 晶体管的优点是（　　）。

A. 不存在类似继电器触点磨损、烧损等情况

B. 可以实现高速开闭

C. 不会发生间歇电震

D. 可实现大电流控制小电流

E. 可实现电流互换

18. 有色金属包括（　　）。

A. 重金属　B. 轻金属　C. 贵金属　D. 稀有金属

E. 放射性金属

19. 可锻铸铁的牌号由（　　）和两组数字组成。

A. KTA　B. KTB　C. KTE　D. KTH

E. KTZ

20. 铝合金 ZL104 运用部位是（　　）。

A. 汽缸体　B. 汽缸盖　C. 活塞　D. 连杆

E. 风扇

21. 属于非金属材料的是（　　）。

A. 碳钢　B. 橡胶　C. 陶瓷　D. 铅

E. 金刚石

22. 常用热塑性塑料的种类有（　　）。

A. 聚乙烯　B. 聚氯乙烯　C. ABS 塑料　D. 有机玻璃

E. 聚四氟乙烯

23. 选择汽油牌号时应注意（　　）。

A. 根据汽车使用说明书的要求选择

B. 根据汽车发动机压缩比选择

C. 根据使用条件选择

D. 根据天气温度选择

E. 根据十六烷值选择

24. 汽油在使用性能上要求具有的良好性能是（　　）。

A. 蒸发性　B. 化学安定性　C. 抗爆性　D. 耐腐蚀性

E. 清洁性

25. 符合柴油选用原则的是（　　）。

A. 根据汽车发动机压缩比选择

B. 根据辛烷值选择

C. 根据地区季节气温选择

D. 对照当地当月的最低气温选择

E. 可根据要求掺兑不同牌号的柴油

26. 柴油的使用性能用（　　）等指标来衡量。

A. 蒸发性　B. 燃烧性　C. 低温流动性　D. 腐蚀性

E. 清洁性

27. 使用柴油时应注意（　　）。

A. 柴油入油箱前要充分沉淀

B. 在寒冷地区，可向高凝点柴油中掺入裂化煤油以降低凝点

C. 严禁向柴油中掺入汽油

D. 低温难起动时可采用适当的预热措施

E. 柴油易燃，要注意安全

28. 按照 API 等级分类，柴油机润滑油分为（　　）两个等级。

A. CC　B. CD　C. SE　D. SH

E. SF

29. 润滑油具有（　　）的作用。

A. 润滑　B. 冷却　C. 洗涤　D. 密封

E. 防锈

30. 车辆齿轮油的主要性能有（　）。

A. 热氧化安定性　B. 腐蚀性

C. 抗泡性　D. 储存安定性

E. 极压抗磨性

31. 汽车润滑脂的主要性能指标有（　　）。

A. 高低温性　B. 抗水性　C. 防锈性　D. 安定性

E. 稠度

32. 防冻液应具备的良好性能是（　　）。

A. 冰点低　　B. 黏度低

C. 沸点高　　D. 不腐蚀冷却系统设备

E. 不易着火燃烧

33. R12 与 R134A 系统的（　　）不能混用。

A. 制冷部件　　B. 冷冻油　　C. 干燥剂　　D. 软管

E. 密封圈

34. 轮胎使用的基本要求有（　　）。

A. 正确选用轮胎　　B. 防止轮胎超载

C. 掌握车速，控制胎温　　D. 合理搭配轮胎

E. 保持轮胎气压正常

35. 四冲程发动机的工作过程主要包括（　　）。

A. 进气行程　　B. 排气行程　　C. 压缩行程　　D. 换气行程

E. 做功行程

36. 发动机由（　　）等组成。

A. 曲柄连杆机构　　B. 配气机构

C. 润滑系　　D. 供给系

E. 点火系

37. 曲柄连杆机构由（　　）组成。

A. 汽缸体与曲轴箱组　　B. 活塞连杆组

C. 曲轴飞轮组　　D. 气门组

E. 上、下曲轴箱

38. 配气机构的作用是按照（　　），定时地将各缸进气门与排气门打开、关闭，以便发动机进行换气过程。

A. 发动机转速　　B. 曲轴转角

C. 发动机工作顺序　　D. 每一缸工作循环的要求

E. 气门位置

39. 柴油机燃料供给系由（ ）等组成。

A. 燃油箱　B. 喷油泵　C. 排气管　D. 滤清器

E. 输油泵

40. 柴油机燃油供给系统的功用是根据柴油机的工作要求，（ ）地将雾化质量良好的柴油按一定要求喷入缸内，使燃油与空气混合后迅速燃烧。

A. 定压　B. 定时　C. 定量　D. 定温

E. 定容

41. 水冷却系由（ ）等部件组成。

A. 水泵　B. 风扇　C. 散热器　D. 水温表

E. 节温器

42. 冷却系的功用为（ ）。

A. 参与发动机功能转换　B. 冷却发动机

C. 进行冷却强度调节　D. 增强发动机动力

E. 提高经济性

43. 润滑系应具有（ ）等作用。

A. 散热　B. 润滑　C. 清洗　D. 密封

E. 冷却

44. 汽车传动系主要由（ ）等组成。

A. 离合器　B. 变速器

C. 万向传动装置　D. 主减速器

E. 差速器

45. 传动系各部分所具有的功用是（ ）。

A. 减速　B. 变速

C. 实现倒车　D. 中断动力传递

E. 差速作用

46. 离合器的功用是（ ）。

A. 保证平稳起步　　B. 传递转矩

C. 便于换挡　　D. 实现倒车

E. 防止传动系过载

47. 手动变速器通常由（　　）构成。

A. 定位锁止装置　　B. 换挡拨叉机构

C. 变速器操纵机构　　D. 变速传动机构

E. 齿轮副

48. 万向传动装置一般由（　　）组成。

A. 万向节　　B. 悬架　　C. 车架　　D. 传动轴

E. 车轮

49. 万向传动装置在汽车上主要用于（　　）。

A. 传动系　　B. 动力输出装置

C. 转向操纵机构　　D. 变速器传动机构

E. 行星齿轮机构

50. 主减速器的作用主要有（　　）。

A. 降低转速　　B. 增大转矩

C. 改变转矩旋转方向　　D. 提高经济性

E. 增大功率

51. 普通行星齿轮式差速器由（　　）等组成。

A. 行星齿轮　　B. 行星齿轮轴

C. 差速器壳　　D. 半轴齿轮

E. 驱动轮

52. 工作时，传至差速器壳的动力经过（　　）输出。

A. 十字轴　　B. 行星齿轮　　C. 半轴　　D. 半轴齿轮

E. 驱动车轮

53. 汽车行驶系的作用是（　　）。

A. 将传动系的转矩转化成汽车行驶的驱动力

B. 承受地面的各种反力和力矩

C. 缓冲及减振

D. 支撑汽车的总质量

E. 改变汽车行驶方向

54. 汽车转向桥主要由（　　）等部分组成。

A. 主销　　B. 前轴　　C. 车轮　　D. 转向节

E. 轮毂

55. 转向驱动桥的作用是（　　）。

A. 保证车辆正常行驶　　B. 保证车辆转向

C. 缓冲及减振　　D. 驱动车辆

E. 制动

56. 悬架的功能是（　　）。

A. 弹性连接车架与车桥

B. 缓和行驶中车辆受到的冲击力

C. 减少车轮磨损

D. 衰减振动

E. 起导向作用，使车轮按一定的轨迹相对车身运动

57. 前轮定位包括（　　）。

A. 主销后倾　　B. 前轮外倾　　C. 前轮前束　　D. 主销内倾

E. 车轮内倾

58. 转向器用于对行驶方向进行（　　）。

A. 恢复　　B. 改变　　C. 修正　　D. 固定

E. 保持

59. 转向器目前应用比较广泛的是（　　）等几种。

A. 麦弗逊式　　B. 循环球式

C. 曲柄指销式　　D. 齿轮齿条式

E. 蜗杆曲柄指销式

60. 转向器是转向系中的（　　）传动装置。

A. 增力　　B. 减力　　C. 加速　　D. 减速

E. 定速

61. 任何制动系均由（　　）组成。

A. 供能装置　　B. 控制装置　　C. 传动装置　　D. 制动器

E. 转向装置

62. 制动系的作用是（　　）。

A. 增速　　B. 减速　　C. 起步　　D. 停车

E. 驻车

63. 行车制动装置由（　　）等组成。

A. 制动拉索　　B. 制动拉杆

C. 车轮制动器　　D. 气压式制动机构

E. 液压式制动机构

64. 盘式制动器可分为（　　）。

A. 鼓盘式　　B. 钳盘式　　C. 压盘式　　D. 全盘式

E. 摩擦盘式

65. 驻车制动装置的作用是（　　）。

A. 停车后保持静止　　B. 停车后便于起步

C. 坡道便于停车　　D. 坡道便于起动

E. 替代行车制动

66. 液压制动系统由（　　）等组成。

A. 轮缸　　B. 储液室　　C. 推杆　　D. 主缸

E. 副缸

67. 气压制动系的制动气室有（　　）。

A. 齿轮式　　B. 膜片式　　C. 弹簧式　　D. 活塞式

E. 推杆式

68. 真空助力器主要有（　　）形式。

A. 气压　B. 液压　C. 增压　D. 助力
E. 机械

69. 有关蓄电池的作用叙述正确的是（　）。
A. 起动时，向起动机和点火系供电
B. 向用电设备供电
C. 发电机超载时协助供电
D. 可以把发电机的电能转化为化学能储存起来
E. 可以自行发电

70. 铅蓄电池由（　）构成。
A. 阳极板　B. 阴极板　C. 电解液　D. 隔板
E. 壳体

71. 放电后蓄电池内的化学物质为（　）。
A. $PbSO_4$　B. H_2O　C. PbO_2　D. Pb
E. H_2SO_4

72. 蓄电池放电过程中有（　）阶段。
A. 电压回升　B. 迅速下降　C. 相对稳定　D. 密度上升
E. 密度下降

73. 电极的材料有（　）。
A. 铂金　B. 铱　C. 普通合金　D. 铝
E. 铅

74. 火花塞的性能要求（　）。
A. 绝缘性能良好，强度高　B. 完全密封
C. 电极周围的温度要适中　D. 耐高温
E. 抗爆性

75. 提高着火性能的方法是（　）。
A. 扩大火花塞间隙　B. 缩小中心电极
C. 增加中心电极　D. 增加中心电极伸出量

E. 减少中心电极伸出量

76. 高压线由（　　）组成。

A. 橡胶外壳　　B. 玻璃纤维　　C. 铅丝　　D. 铁丝

E. 包线布

77. 点火线圈一般由（　　）等组成。

A. 一次绕组　　B. 二次绕组　　C. 分火头　　D. 极桩

E. 外壳

78. 发电机中 IC 调节器的功能是（　　）。

A. 调整电压　　B. 调节电流　　C. 调节电阻　　D. 异常时报警

E. 按发动机负荷控制发电量

79. 起动机工作步骤正确的是（　　）。

A. 吸引线圈和保持线圈通电，使小齿轮啮合飞轮外齿圈

B. 吸引线圈和保持线圈通电，产生吸力，推动主触盘吸合

C. 主触盘吸合后，吸引线圈和保持线圈都断电

D. 主触盘吸合后，吸引线圈被短路

E. 主触盘吸合后，保持线圈被短路

80. 起动机工作顺序正确的是（　　）。

A. 首先接触盘接合　　B. 首先吸引线圈和保持线圈通电

C. 其次小齿轮和飞轮接合　　D. 其次吸引线圈和保持线圈通电

E. 其次接触盘接合

81. 灯具一般安装在（　　）。

A. 车身前部　　B. 车身侧面　　C. 车身后部　　D. 车顶

E. 车内

82. 汽车照明和信号系统的作用是（　　）。

A. 提高夜间行驶的安全性　　B. 提高夜间行驶速度

C. 美观　　D. 提高经济性

E. 减少排放

83. 电子点火控制装置的优点是（　　）。

A. 提高点火能量

B. 点火提前角控制更准确

C. 使发动机的动力性和经济性达到最佳

D. 提高点火工作可靠性

E. 使发动机在节能和环保方面得以提高

84. 独立点火的优点是（　　）。

A. 无须高压线

B. 实现小型化

C. 独立控制各缸的点火提前角

D. 统一控制各缸的点火提前角

E. 减少电能消耗

85. 电控燃油喷射系统包括（　　）。

A. 空气供给装置　　B. 燃油供给装置

C. 电子控制装置　　D. 点火装置

E. 供电装置

86. 空气供给系统包括（　　）。

A. 空气滤清器　　B. 进气管道

C. 节气门体　　D. 空气流量计

E. 怠速控制阀

87. 空气供给系统的作用是（　　）。

A. 提供适合及清洁的空气

B. 对流入发动机的空气质量进行测量

C. 控制进入发动机的空气量

D. 对气压式的部件提供气压

E. 使空气顺利流通

88. 闭合角的控制包括（　　）。

A. 一次电压控制　　B. 二次电压控制
C. 通过电流的控制　　D. 二次绕组的接通时间
E. 一次绕组的接通时间

89. 汽油机爆震的检测主要有（　　）。
A. 汽缸压力检测法　　B. 燃烧噪声检测法
C. 发动机机体振动检测法　　D. 共振法
E. 非共振法

90. 点火系的类型有（　　）。
A. 传统电子点火　　B. 普通电子点火
C. 全电子点火　　D. 高压点火
E. 低压点火

91. 排气净化控制系统包括（　　）等。
A. 氧传感器的反馈控制　　B. 活性炭罐清洗控制
C. 二次空气喷射控制　　D. 废气再循环
E. 点火提前角控制

92. 进气控制系统的类型主要有（　　）。
A. 进气谐振增压控制　　B. 进气涡流控制
C. 配气定时控制　　D. 增压控制
E. 二次空气喷射控制

93. 自诊断系统的作用是（　　）。
A. 向使用者发出故障警告　　B. 向维修人员提供故障信息
C. 具备带故障运行控制功能　　D. 具有排除故障的功能
E. 具有更换零部件功能

94. 当检测到故障时，自诊断系统完成的基本工作是（　　）。
A. 以灯光向驾驶员发出故障信号　　B. 启动带故障运行控制功能
C. 储存故障信息　　D. 具有排除故障的功能
E. 停止工作

95. 自诊断系统故障信息的读取应采用（　　）。

A. 手机读取　　B. 就车读取

C. 外接设备读取　　D. 连接显示器读取

E. 自动显示

96. 电子控制自动变速器主要由（　　）组成。

A. 耦合器　　B. 液力变矩器

C. 齿轮变速器　　D. 液压控制系统

E. 电子控制系统

97. 行星齿轮的优点是（　　）。

A. 增大变速器尺寸　　B. 工作平稳

C. 工作安静　　D. 承载能力大

E. 质量轻

98. 电子控制自动变速器液压控制系统主要由（　　）组成。

A. 控制换挡执行机构　　B. 控制换挡传递机构

C. 液压泵　　D. 液压控制阀

E. 液压管路

99. 自动变速器的液压控制系统利用液压使（　　）在一定条件下工作，并在单向离合器配合下，使行星齿轮机构实现自动换挡。

A. 离合器　　B. 减速器　　C. 差速器　　D. 制动器

E. 转向器

100. 电子控制自动变速器系统的执行元件有（　　）。

A. 换挡电磁阀　　B. 变矩器电磁阀

C. 压力控制电磁阀　　D. TCC 电磁阀

E. 离合器电磁阀

101. 失速试验是为了（　　）。

A. 检查发动机输出功率的大小　　B. 检查变矩器导轮的好坏

C. 检查耦合器导轮的好坏　　D. 检查换挡执行元件是否打滑

E. 检查换挡执行元件是否卡死

102. 时滞试验的目的是（　　）。

A. 检查离合器磨损情况　　B. 检测主减速器磨损情况

C. 检查差速器磨损情况　　D. 检查制动器磨损情况

E. 检查油压是否正常

103. 油压试验主要测量（　　）。

A. 主油路油压　　B. 速控阀油压

C. 节气门阀油压　　D. R 挡制动器油压

E. 变矩器油压

104. 如果两车轮的制动压力是一同进行调节的，称为（　　）。

A. 独立控制　　B. 双轮控制

C. 同时控制　　D. 一同控制

E. 随机控制

105. ABS 控制过程分为（　　）。

A. 制动压力建立阶段　　B. 制动压力保持阶段

C. 制动压力下降阶段　　D. 制动压力增加阶段

E. 制动压力结束阶段

106. ABS 布置形式有（　　）。

A. 四传感器四通道　　B. 四传感器三通道

C. 四传感器二通道　　D. 三传感器三通道

E. 三传感器二通道

107. 关于使用四轮定位仪叙述正确的是（　　）。

A. 检查四个车轮的胎压是否符合标准胎压

B. 车辆在举升机上应处于正前方向，不要使车身歪斜

C. 安装卡具时，应根据所测车辆的车轮尺寸对卡具进行调整

D. 按照对应车轮的位置将四个传感器正确安装到卡具上

E. 按仪器要求进行测量

108. 调整四轮定位常用的方法有（ ）。

A. 从减振器顶部进行调整　　B. 从转向节调整

C. 从上控制臂调整　　D. 从下控制臂调整

E. 从减振器支架部位进行调整

109. 汽车空调工作过程是（ ）。

A. 压缩机将低温、低压气体变成高温、高压气体

B. 冷凝器将高温、高压气体变成中温、高压液体

C. 膨胀阀将中温、高压液体变成低温、低压液体

D. 蒸发器将低温、低压液体变成低温、低压气体

E. 储液干燥瓶将制冷剂中的水分和杂质过滤掉

110. 手动空调控制板一般由（ ）组成。

A. 功能选择键　　B. 通风键

C. 温度键　　D. 调风键

E. 后除霜键

111. 桑塔纳汽车空调系统中空调继电器控制的内容是（ ）。

A. 风扇的低速旋转　　B. 鼓风机的低速旋转

C. 风量控制开关的供电　　D. 空调电磁离合器吸合

E. 怠速电磁阀供电

112. 使用空调时应注意的是（ ）。

A. 发动机停止运转后切勿使用空调

B. 在大负荷时应暂时关闭空调系统

C. 长期停置时应定期开动压缩机

D. 空调系统应定期检查和调整

E. 夏日车辆应避免直接在阳光下暴晒，以免加重空调的负担

113. 常见的压缩机有（ ）压缩机。

A. 斜盘式　　B. 叶片式　　C. 涡旋式　　D. 蜗杆式

E. 曲柄连杆式

114. 曲柄连杆式压缩机的工作过程是（　　）。

A. 吸气　　B. 压缩　　C. 膨胀　　D. 排气

E. 燃烧

115. 有关冷凝器原理叙述正确的是（　　）。

A. 将压缩机排出的气体进行冷却

B. 将气体冷凝成液体

C. 将压缩机排出的气体降压

D. 制冷剂的热量通过冷凝器经空气带走散入大气

E. 冷凝器冷凝后的为气体

116. 压力开关的形式有（　　）。

A. 高压保护开关　　B. 低压保护开关

C. 中压保护开关　　D. 高、低压联动开关

E. 泄压保护开关

117. 储液干燥瓶的作用是（　　）。

A. 干燥　　B. 防锈　　C. 过滤　　D. 存储

E. 防冻

118. 膨胀阀一般有（　　）。

A. 内平衡式膨胀阀　　B. H 型膨胀阀

C. 外平衡式膨胀阀　　D. L 型膨胀阀

E. 膨胀管

119. 有关膨胀阀的叙述正确的是（　　）。

A. 增加制冷剂压力

B. 控制蒸发器温度

C. 调整进入蒸发器的制冷剂流量

D. 控制进入蒸发器的制冷剂流量

E. 保证制冷剂在蒸发器内完全蒸发

120. 控制蒸发器温度的方法有（　　）。

A. 用流量阀控制

B. 用压力调节器控制

C. 用温度传感器或温度开关控制

D. 用电磁开关控制

E. 液压控制

121. 暖水箱的结构形式一般有（　）。

A. 叶片式　　B. 板翅式

C. 冷凝器水箱一体式　　D. 管翅式

E. 管带式

122. 空调电磁离合器受（　　）等部件控制。

A. 温控器　　B. 压力控制器

C. 压缩机切断继电器　　D. 电源开关

E. 冷凝器

123. 空调系统抽真空，可以排除系统中的（　　）。

A. 冷冻油　　B. 制冷剂　　C. 水分　　D. 空气

E. 杂质

124. 添加冷冻油的方法一般有（　　）。

A. 真空吸入法　　B. 低压充入法

C. 直接加入法　　D. 随制冷剂一起充注法

E. 高压加入法

125. 添加制冷剂的方法一般有（　　）。

A. 真空吸入法　　B. 低压端加入法

C. 全自动加入法　　D. 高、低压端同时加入法

E. 高压端加入法

汽车维修质量检验

一、判断题（将判断结果填入括号中。正确的填“√”，错误的填“×”）

1. 桑塔纳汽车汽缸缸径修理尺寸有＋0.25，＋0.50，＋0.75mm 三级。（　）

2. 在选用新活塞时，在同一台发动机上，应选用同一厂牌同一组别的活塞，以便使活塞的材料、性能、质量、尺寸一致，同一发动机内各缸活塞质量差应符合原厂规定。（　）

3. 汽车修理技术标准规定：连杆在 100 mm 长度上弯曲度值应不大于 0.03 mm，扭曲度值应不大于 0.06 mm。超过允许值应进行校正。（　）

4. 连杆与活塞、活塞销组装后，应检验活塞裙部椭圆的变化情况、活塞裙部轴线对连杆大端孔轴线的平行度以及活塞连杆组的质量。（　）

5. 曲轴扭曲变形后会改变各缸曲柄的夹角，影响发动机的配气相位和点火正时，并会破坏曲轴的平衡，影响发动机的正常工作。（　）

6. 一般可用观察的方法检查气门，其工作面过宽、凹陷、烧蚀时，就应进行修磨；其斜角角度、工作面宽度须符合原厂规定。（　）

7. 桑塔纳 2000 型 GSi 电动燃油泵在蓄电池电压正常，油泵继电器和油泵熔丝也正常时，接通点火开关，油泵应运转约 2 s。（　）

8. 水泵装配修复后，应用手转动带轮，以无卡滞、擦碰现象为宜，然后进行泵水流量测试，应符合技术要求。（　）

9. 对于桑塔纳汽车 AJR 型发动机，当冷却液温度为 84～91℃时，温控风扇停转。（　）

10. 在规定的转速下，发动机润滑系统工作正常，机油压力和机油温度应符合原制造厂维修技术要求，警示装置可靠、有效。（　）

11. 霍尔点火装置的点火线圈一次绕组的电阻为 0.52～0.76 Ω，二次绕组的电阻为 2.4～3.5 kΩ。（　）

12. 电控点火系统的控制内容包括点火提前角控制、通电时间控制和爆震控制三个方面。（　）

13. 起动机性能试验有缓冲试验和全制动试验两项。（　）

14. 当起动机单向离合器顺时针转动时，齿轮应被锁止；当逆时针方向转动齿轮时，应灵活自如，否则应更换新件。（　）

15. 发动机装配的零件、部件、总成和附件应符合相应的技术条件，各项装备应齐全，并按原设计的装配技术条件安装。（　）

16. 装配后的发动机如需进行冷磨、热试，应按工艺要求和技术条件进行冷磨、热试、清洗，并更换润滑油、机油滤清器或滤芯。原设计有特殊规定的按相应规定进行。（　）

17. 离合器压盘工作表面的平面度误差应不大于0.40 mm，表面有烧蚀、龟裂或磨损沟槽深度超过0.5 mm时应光磨，光磨后的压盘厚度小于极限尺寸时应更换新件。（　）

18. 桑塔纳汽车变速器输入轴、输出轴不得有裂纹，各轴颈磨损不大于0.03 mm，输入轴前端花键磨损不大于0.10 mm。（　）

19. 检修桑塔纳汽车等角速万向节传动轴时，若发现外星轮、球笼、内星轮、钢柱有凹陷、破碎、裂痕及过度磨损，应更换万向节。（　）

20. 前悬架下摆臂和球形接头左右不能互换，所有衬套如有松动，橡胶开裂、凸起，均应更换新件。（　）

21. 检查桑塔纳汽车转向油泵压力时，发动机怠速运转，急速关闭截止阀，应（不超过5 s），额定压力应为637～784 kPa。压力不符合要求时，应检查流量限制阀、泵体内壁的磨损程度，并更换相应损坏机件。（　）

22. 检测盘式制动器制动钳缸孔和活塞时，如有划痕、缺口、裂纹、被腐蚀和磨损现象，应视情况更换新件。（　）

23. 全车所有螺栓、螺母应装配齐全，锁止可靠。关键部位螺栓、螺母的拧紧顺序和力矩应符合原制造厂维修技术要求。（　）

24. 发动机在各种工况下运转应稳定，不得有过热现象；不应有异常响声；突然改变工况时，应过渡圆滑，不得有突爆、回火、放炮等异常情况。（　）

25. 转向盘应转动灵活，操纵轻便，无异响、偏重或卡滞现象，转向机构各部件在汽车转向过程中不得与其他部件相干涉。（　）

26. 离合器应接合平稳，分离彻底，操作轻便，工作可靠，不得有异响、打滑或发抖现

象，踏板力应不大于 300 N。（ ）

27. 传动轴及中间轴轴承应工作正常，无松旷、抖动、异响及过热现象。（ ）

28. 车轮总成的横向摆动量和径向跳动量应符合 GB 7258—2004 中有关条款的要求。最大设计车速不小于 100 km/h 的汽车，车轮应进行动平衡试验，其动不平衡质量应不大于 10 g。（ ）

29. 汽车在行驶中无自行制动现象。制动系装有的比例阀、限压阀、感载阀、惯性阀或制动防抱死装置应工作正常、有效。（ ）

30. 前照灯光束的照射位置和发光强度应符合 GB 18565—2001 中有关条款的规定。（ ）

31. 检验信号装置时，灯光、信号、电气设备等及其控制装置应齐全、有效，各元器件性能良好，工作正常，符合原设计要求。（ ）

32. 检验汽车动力性能指标时，台架测试汽车额定转矩、转速下的驱动轮输出功率应符合 GB/T 18276—2000 的规定。（ ）

33. 各种排放控制装置应齐全、有效，汽车的排放指标应符合国际标准的要求。（ ）

34. 汽车空载行驶初速度为 30 km/h 时滑行距离应不少于 220 m。（ ）

二、单项选择题（选择一个正确的答案，将相应的字母填入题内的括号中）

1. 汽缸体、汽缸盖（ ）后，常使汽缸体、汽缸盖接合平面产生翘曲，当其平面度误差超过技术标准时，将会引起发动机漏气、漏水、漏油等故障。

A. 修理　　B. 使用　　C. 保养　　D. 变形

2. 桑塔纳汽车汽缸缸径修理尺寸有＋0.25，＋0.50，（ ）mm 三级。

A. ＋0.75　　B. ＋1.00　　C. ＋1.25　　D. ＋1.50

3. 桑塔纳汽车汽缸缸径修理尺寸有＋0.25，（ ），＋1.00mm 三级。

A. ＋0.40　　B. ＋0.50　　C. ＋0.60　　D. ＋0.75

4. 在选用新活塞时，在同一台发动机上，应选用同一厂牌同一组别的活塞，以便使活塞的材料、性能、质量、尺寸一致，同一发动机内各缸活塞（ ）应符合原厂规定。

A. 圆度　　B. 圆柱度

C. 圆度与圆柱度　　D. 质量差

5. 为了保证活塞环的正常工作状况，对新活塞环应检验其（　　）、漏光度、端间隙、侧隙和背隙，必须符合技术标准才能装配使用。

A. 圆度　　B. 垂直度　　C. 公差　　D. 弹力

6. 为了保证活塞环的正常工作状况，对新活塞环应检验其弹力、漏光度、端间隙、（　　）和背隙，必须符合技术标准才能装配使用。

A. 开口间隙　　B. 孔隙　　C. 侧隙　　D. 配合间隙

7. 汽车修理技术标准规定：连杆在（　　）mm 长度上弯曲度值应不大于 0.03 mm，扭曲度值应不大于 0.06 mm。超过允许值应进行校正。

A. 70　　B. 80　　C. 90　　D. 100

8. 连杆与活塞、活塞销组装后，应检验活塞裙部椭圆的变化情况、活塞裙部轴线对连杆大端孔轴线的（　　）以及活塞连杆组的质量。

A. 平行度　　B. 直线度　　C. 同轴度　　D. 垂直度

9. 曲轴扭曲变形后会改变各缸曲柄的夹角，影响发动机的配气相位和（　　），并会破坏曲轴的平衡，影响发动机的正常工作。

A. 点火正时　　B. 喷油脉宽　　C. 控制单元　　D. 曲轴曲拐

10. 桑塔纳汽车曲轴轴承表面有很高的光洁度，维修中不能用任何手工或搪瓦机来加工，只能光磨轴颈来配瓦，主轴瓦与连杆瓦有内径为－0.25，－0.50 和（　　）mm 三种缩小尺寸配件供应。

A. －0.75　　B. －1.00　　C. －1.25　　D. －1.50

11. 一般可用观察的方法检查气门，其工作面（　　）、凹陷、烧蚀时，就应进行修磨；其斜角角度、工作面宽度需符合原厂规定。

A. 过小　　B. 过宽　　C. 过窄　　D. 过厚

12. 一般可用观察的方法检查气门，其工作面过宽、凹陷、烧蚀时，就应进行修磨；其斜角角度、工作面（　　）需符合原厂规定。

A. 平面度　　B. 长度　　C. 宽度　　D. 倾斜度

13. 凸轮轴轴颈的圆度、圆柱度误差不得大于（　　）mm，超限时可修磨恢复或更换新件。

A. 0.015　　B. 0.020　　C. 0.025　　D. 0.030

14. 将压力表安装在汽油分配管的供油管上，打开汽油压力表开关，起动发动机怠速运转。系统压力标准为：怠速时拔下真空管时为（　　）kPa；不拔真空管时为（250±20）kPa。

A. 100±20　　B. 200±20　　C. 300±20　　D. 400±20

15. 将压力表安装在汽油分配管的供油管上，打开汽油压力表开关，起动发动机怠速运转。系统压力标准为：怠速时拔下真空管时为（300±20）kPa；不拔真空管时为（　　）kPa。

A. 100±20　　B. 150±20　　C. 200±20　　D. 250±20

16. 桑塔纳汽车水泵最大转速为 6 000 r/min 时，进口压力为 0.1 MPa，出口压力为（　　）MPa，系统压力为 0.14 MPa。

A. 0.10　　B. 0.16　　C. 0.20　　D. 0.25

17. 对于桑塔纳汽车 AJR 型发动机，当冷却液温度为 99～105℃时，温控风扇以（　　）r/min 的高转速运转。

A. 1 800　　B. 2 300　　C. 2 800　　D. 3 500

18. 在规定的转速下，发动机润滑系统工作正常，机油（　　）和机油温度应符合原制造厂维修技术要求，警示装置可靠、有效。

A. 质量　　B. 容量　　C. 压力　　D. 黏度

19. 检测机油泵主、被动齿轮啮合间隙时（拆卸前或装配后进行），用塞尺在互成（　　）的三点进行测量。

A. 45°　　B. 60°　　C. 120°　　D. 180°

20. 检查晶体管点火系统高压回路部件分火头电阻时，其电阻值应为（　　）kΩ。

A. 1±0.4　　B. 10±0.4　　C. 15±0.4　　D. 20±0.4

21. 检查晶体管点火系统高压回路部件火花塞插头电阻时，其电阻值应为（　　）kΩ。

A. 1±0.4　　B. 10±0.4　　C. 15±0.4　　D. 20±0.4

22. 霍尔点火装置的点火线圈一次绕组的电阻为 0.52～0.76 Ω，二次绕组的电阻为（　　）kΩ。

A. 1.4～2.5　B. 1～2.5　C. 2～2.5　D. 2.4～3.5

23. 电控发动机起动后，最佳点火提前角＝（　　）点火提前角＋基本点火提前角＋修正点火提前角。

A. 控制　B. 反馈　C. 初始　D. 最终

24. 电控发动机起动后，最佳点火提前角＝初始点火提前角＋（　　）点火提前角＋修正点火提前角。

A. 基本　B. 最终　C. 反馈　D. 理想

25. 起动机性能试验有（　　）试验和全制动试验两项。

A. 空载　B. 满载　C. 半制动　D. 缓冲

26. 当起动机单向离合器顺时针转动时，齿轮应被锁止；当逆时针方向转动齿轮时，应（　　），否则应更换新件。

A. 不转　B. 有阻滞　C. 松旷　D. 灵活自如

27. 柴油机输油泵工作性能检验主要包括密封性试验、吸油能力、（　　）、输油压力等内容。

A. 渗透性试验　B. 输油量　C. 可靠性　D. 稳定性

28. 柴油机喷油泵的试验和调整主要内容是（　　）、供油量和调速器三个项目。

A. 供油压力　B. 供油顺序　C. 供油准时　D. 供油时间

29. 发动机装配的（　　）、部件、总成和附件应符合相应的技术条件，各项装备应齐全，并按原设计的装配技术条件安装。

A. 曲轴　B. 凸轮轴　C. 活塞连杆　D. 零件

30. 发动机装配的零件、部件、（　　）和附件应符合相应的技术条件，各项装备应齐全，并按原设计的装配技术条件安装。

A. 半总成　B. 总成　C. 标准件　D. 选装件

31. 装配后的发动机如需进行冷磨、热试，应按工艺要求和技术条件进行冷磨、热试、清洗，并更换润滑油、机油滤清器或（　　）。原设计有特殊规定的按相应规定进行。

A. 细滤芯　B. 粗滤芯　C. 滤芯　D. 空滤芯

32. 桑塔纳汽车离合器从动盘端面圆跳动误差大于（　　）mm、摩擦衬片严重烧蚀或开裂、减振弹簧出现裂纹或折断、从动盘钢片出现裂纹、花键毂内花键磨损严重应更换从动盘总成。

A. 0.40　　B. 0.80　　C. 0.90　　D. 1.00

33. 离合器从动盘端面圆跳动误差大于 0.40 mm、（　　）严重烧蚀或开裂、减振弹簧出现裂纹或折断、从动盘钢片出现裂纹、花键毂内花键磨损严重应更换从动盘总成。

A. 摩擦衬片　　B. 分离杠杆　　C. 分离轴承　　D. 压板

34. 桑塔纳汽车变速器输入轴、输出轴不得有裂纹，各轴颈磨损不大于（　　）mm，输入轴前端花键磨损不大于 0.10 mm。

A. 0.03　　B. 0.04　　C. 0.05　　D. 0.06

35. 桑塔纳汽车变速器同步器滑块磨损严重、滑块弹簧弹力减弱或折断、键齿磨损使结合套与花键毂键齿的配合间隙超过（　　）mm 时，应更换新件。

A. 0.05　　B. 0.25　　C. 0.50　　D. 1.00

36. 检修等角速万向节传动轴时，若发现外星轮、（　　）、内星轮、钢球有凹陷、破碎、裂痕及过度磨损，应更换万向节。

A. 内万向节　　B. 钢柱　　C. 球笼　　D. 卡簧

37. 对于良好的减振器，在用（　　）N 的力上下拉动汽车头部时，当撤去作用力后，车身摇动的次数不会超过 3 次。

A. 100～200　　B. 200～300　　C. 400～500　　D. 900～1 000

38. 前悬架下摆臂和球形接头（　　）不能互换，所有衬套如有松动，橡胶开裂、凸起，均应更换新件。

A. 上下　　B. 前后　　C. 左右　　D. 任意方向

39. 前悬架下摆臂和球形接头左右不能互换，所有衬套如有松动，（　　），均应更换新件。

A. 橡胶开裂、凸起　　B. 不平衡

C. 抖动　　D. 变色

40. 检查桑塔纳汽车转向油泵压力时，发动机怠速运转，急速关闭截止阀，应不超过（　　）s，额定压力应为 637～784 kPa。压力不符合要求时，应检查流量限制阀、泵体内壁的磨损程度，并更换相应损坏机件。

A. 5　　B. 10　　C. 15　　D. 20

41. 整车外观检验应整洁、（　　）、周正，附属设施及装备应齐全、有效。

A. 光亮　　B. 无松弛　　C. 完好　　D. 无皱纹

42. 整车外观检验应（　　）、完好、周正，附属设施及装备应齐全、有效。

A. 整洁　　B. 无起泡　　C. 对称　　D. 不漏油

43. 影响汽车行驶安全的（　　）、制动系和行驶系的关键零部件不得使用修复件。

A. 转向系　　B. 发动机　　C. 润滑系　　D. 冷却系

44. 全车所有螺栓、螺母应装配齐全，锁止可靠。关键部位螺栓、螺母的拧紧（　　）和力矩应符合原制造厂维修技术要求。

A. 顺序　　B. 质量　　C. 力度　　D. 方式

45. 发动机在各种工况下运转应稳定，不得有过热现象；不应有（　　）；突然改变工况时，应过渡圆滑，不得有突爆、回火、放炮等异常情况。

A. 异常磨损　　B. 异常损耗　　C. 异常响应　　D. 异常响声

46. 起动性能按 GB 18297—2001 中的检验方法进行检验。发动机在正常（　　）温度和低温 255 K（−18℃）时都能顺利起动。允许起动 3 次。

A. 环境　　B. 工作　　C. 室内　　D. 发动

47. 转向盘应（　　），操纵轻便，无异响、偏重或卡滞现象，转向机构各部件在汽车转向过程中不得与其他部件相干涉。

A. 大小合适　　B. 手感好　　C. 转动灵活　　D. 不飘

48. 转向盘应转动灵活，操纵轻便，（　　）、偏重或卡滞现象，转向机构各部件在汽车转向过程中不得与其他部件相干涉。

A. 无跳动　　B. 无摇摆　　C. 无振动　　D. 无异响

49. 离合器应接合平稳，分离彻底，操作轻便，工作可靠，不得有异响、打滑或发抖现象，踏板力应不大于（　　）N。

A. 300　　B. 400　　C. 500　　D. 600

50. 自动变速器在车辆行驶中能按规定的换挡点进行升、降挡；（　　），不打滑，无冲击，无异响。正常工况下不过热。

A. 换挡电磁阀正常　　B. 切断模式正常

C. 电路完好　　D. 换挡平顺

51. 自动变速器在车辆行驶中能按规定的换挡点进行升、降挡；换挡平顺，不打滑，无冲击，无异响。正常工况下（　　）。

A. 自由旋转　　B. 不过热　　C. 无堵塞　　D. 无“呜呜”声

52. 传动轴及中间轴轴承应工作正常，无（　　）、抖动、异响及过热现象。

A. 松旷　　B. 变形　　C. 漏油　　D. 移动

53. 车轮总成的横向摆动量和径向跳动量应符合 GB 7258—2004 中有关条款的要求。最大设计车速不小于 100 km/h 的汽车，车轮应进行动平衡试验，其动不平衡质量应不大于（　　）g。

A. 10　　B. 15　　C. 20　　D. 25

54. 汽车在行驶中无自行制动现象。制动系装有的比例阀、（　　）、感载阀、惯性阀或制动防抱死装置应工作正常、有效。

A. 限压阀　　B. 旁通阀　　C. 截止阀　　D. 溢流阀

55. 车身应符合 GB/T 5336—2005 的规定。车身、（　　）及翼子板左右对称，各对称部位离地面高度差不大于 10 mm。

A. 保险杠　　B. 车轮　　C. 悬架　　D. 摆臂

56. 前照灯光束的（　　）位置和发光强度应符合 GB 18565—2001 中有关条款的规定。

A. 照射　　B. 反射　　C. 聚光　　D. 配光

57. 前照灯光束的照射位置和发光（　　）应符合 GB 18565—2001 中有关条款的规定。

A. 质量　　B. 光谱　　C. 光束　　D. 强度

58. 在用车前照灯远光光束发光强度的检验标准是：两灯制为 15 000 cd、四灯制为（　　）cd。

A. 5 000　　B. 7 000　　C. 8 000　　D. 12 000

59. 其他电气设备检验的规定是：装备有其他与制动、行车安全有关的电子控制系统的（　　），应按原设计装备齐全，监控有效、正常，电子控制装置（ECU）应无故障码显示。

A. 接插件　　B. 控制器　　C. 执行器　　D. 元器件

60. 其他电气设备检验的规定是：装备有其他与制动、行车安全有关的电子控制系统的元器件，应按原设计装备齐全，监控有效、正常，电子控制装置（ECU）应（　　）。

A. 有故障码显示　　B. 无故障码显示

C. 工作正常　　D. 保持完整状态

61. 汽车动力性能指标检验的规定是：（　　）测试汽车额定转矩、转速下的驱动轮输出功率应符合 GB/T 18276—2000 的规定。

A. 台架　　B. 路上　　C. 有效　　D. 瞬间

62. 各种排放控制装置应齐全、有效，汽车的排放指标应符合（　　）标准的要求。

A. 行业　　B. 地方　　C. 国家　　D. 国际

63. 汽车空载行驶初速度为 30 km/h 时的滑行距离应不少于（　　）m。

A. 100　　B. 200　　C. 220　　D. 300

64. 机动车在平坦、硬实、干燥和清洁的水泥或沥青道路上行驶，以（　　）km/h 的速度在 5 s 之内沿螺旋线从直线行驶过渡到直径为 24 m 的圆周行驶，施加于转向盘外缘的最大切向力应不大于 245 N。

A. 10　　B. 15　　C. 20　　D. 25

65. 乘用车应具有连续发声功能的喇叭，其工作应可靠。喇叭声级在距车前（　　）m、离地高 1.2 m 处测量时，应为 90～115 dB。

A. 1　　B. 2　　C. 3　　D. 4

66. 乘用车应具有连续发声功能的喇叭，其工作应可靠。喇叭声级在距车前 2 m、离地高（　　）m 处测量时，应为 90～115 dB。

A. 0.5　　B. 1　　C. 1.2　　D. 1.5

三、多项选择题（选择一个以上正确的答案，将相应的字母填入题内的括号中）

1. 汽缸体、汽缸盖变形后，常使汽缸体、汽缸盖接合平面产生翘曲，当其平面度误差超过技术标准时，将会引起发动机（　　）等故障。

A. 漏电　　B. 漏液　　C. 漏气　　D. 漏水

E. 漏油

2. 如果汽缸压力超过原设计规定，则故障原因是（ ）。

A. 燃烧室内积炭过多

B. 汽缸衬垫过薄

C. 缸体与缸盖接合平面经多次修理超过磨损极限

D. 汽缸衬垫过厚

E. 残余应力

3. 为了保证活塞环的正常工作状况，对新活塞环应检验其（ ）和背隙，必须符合技术标准才能装配使用。

A. 弹力　　B. 漏光度　　C. 端间隙　　D. 侧隙

E. 孔隙

4. 连杆与活塞、活塞销组装后应检验（ ）。

A. 活塞裙部同轴度的变化情况

B. 活塞裙部轴线对连杆大端孔轴线的直线度

C. 活塞裙部椭圆的变化情况

D. 活塞裙部轴线对连杆大端孔轴线的垂直度

E. 活塞连杆组的质量

5. 曲轴维修质量检验的项目有（ ）。

A. 曲轴变形及裂纹的检验

B. 曲轴起动爪螺纹及后端凸缘的检验

C. 曲轴轴颈磨损的检验

D. 曲轴轴承的检验

E. 曲轴的强度检验

6. 桑塔纳汽车有主轴瓦与连杆瓦内径为（ ）mm 三种缩小尺寸配件供应。

A. −0.25　　B. −0.50　　C. −0.75　　D. −1.00

E. −1.25

7. 凸轮轴凸轮工作表面出现（ ）应修复或更换。

A. 液阻　　B. 击伤　　C. 麻点　　D. 凹凸不平

E. 死点

8. 桑塔纳 2000 型 GSi 电动燃油泵在（　　）正常时，接通点火开关，油泵应运转约 2 s。

A. 蓄电池电压正常　　B. 油泵继电器

C. 油泵熔丝　　D. 混合气浓度

E. 燃油压力

9. 桑塔纳 2000 型 GSi 燃油系统压力测试条件是（　　）。

A. 燃油泵继电器正常　　B. 燃油泵工作正常

C. 燃油滤清器正常　　D. 蓄电池电压正常

E. 油泵熔丝正常

10. 桑塔纳汽车 AJR 型发动机冷却风扇叶片为 9 片，而且外缘设计一个圆环，将 9 片叶片连在一起，提高了风扇的（　　）。

A. 对称性　　B. 刚度　　C. 稳定性　　D. 效率

E. 可行性

11. 机油压力过高一般为（　　），以及发动机曲轴、凸轮轴装配过紧等。

A. 机油过量　　B. 机油黏度过低

C. 机油黏度较高　　D. 限压阀弹簧调整过硬

E. 油道堵塞

12. 在检测点火线圈技术要求时，应保证点火线圈绝缘盖板（　　）。

A. 清洁　　B. 正时　　C. 干燥　　D. 通气

E. 无漏电

13. 电控点火系统的控制内容包括（　　）三个方面。

A. 点火提前角控制　　B. 通电时间控制

C. 点火能量控制　　D. 基本点火提前角控制

E. 爆震控制

14. 电控发动机起动后，实际的最佳点火提前角由（　　）确定。

A. 过程点火提前角　　B. 最终点火提前角

C. 初始点火提前角　　D. 基本点火提前角

E. 修正点火提前角

15. 检验起动机单向离合器维修质量时，(　　)，否则应予更换新件。

A. 当顺时针转动时，齿轮应被锁止

B. 当顺时针转动时，齿轮应灵活自如

C. 当逆时针方向转动齿轮时，应被锁止

D. 当逆时针方向转动齿轮时，应灵活自如

E. 当顺时针转动时，齿轮应有阻滞现象

16. 柴油机输油泵工作性能检验主要包括（　　）和输油压力等内容。

A. 密封性试验　　B. 吸油能力

C. 输油量　　D. 强度试验

E. 阻力试验

17. 柴油机喷油泵的试验和调整主要内容是（　　）。

A. 供油时间　　B. 供油量　　C. 调速器　　D. 减速器

E. 供油顺序

18. 装配后的发动机如需进行冷磨、热试，应按工艺要求和技术条件进行冷磨、热试、清洗，并更换（　　）或滤芯。原设计有特殊规定的按相应规定进行。

A. 细滤芯　　B. 粗滤芯　　C. 润滑油　　D. 机油滤清器

E. 空滤芯

19. 离合器压盘工作表面的平面度误差应不大于 0. 40 mm，表面有（　　）或磨损沟槽深度超过 0. 5 mm 时应光磨，光磨后的压盘厚度小于极限尺寸时应更换新件。

A. 烧蚀　　B. 龟裂　　C. 穴蚀　　D. 断裂

E. 化学腐蚀

20. 离合器从动盘端面圆跳动误差大于 0. 40 mm、（　　）应更换从动盘总成。

A. 摩擦衬片严重烧蚀或开裂　　B. 减振弹簧出现裂纹或折断

C. 从动盘钢片出现裂纹　　D. 花键毂内花键磨损严重

E. 压板弹簧出现裂纹或折断

21. 桑塔纳汽车变速器同步器滑块磨损严重、（ ）使结合套与花键毂键齿的配合间隙超过0.50 mm时，应更换新件。

A. 滑块弹簧弹力减弱或折断　　B. 间隙过大

C. 间隙过小　　D. 键齿断裂

E. 键齿磨损

22. 麦弗逊式悬架减振器如有（ ）等，均应更换。

A. 漏气　　B. 漏油　　C. 减振不良　　D. 穴蚀

E. 行驶时减振器有异响

23. 检查桑塔纳汽车转向油泵压力时，发动机怠速运转，急速关闭截止阀，应不超过5 s，额定压力应为637～784 kPa。压力不符合要求时，应检查（ ）的磨损程度，并更换相应损坏机件。

A. 减振阀　　B. 单向阀　　C. 溢流阀　　D. 流量限制阀

E. 泵体内壁

24. 检测盘式制动器制动钳缸孔和活塞时，如有（ ）、被腐蚀和磨损现象，应视情况更换新件。

A. 划痕　　B. 缺口　　C. 裂纹　　D. 穴蚀

E. 滑移

25. 整车外观检验应（ ），附属设施及装备应齐全、有效。

A. 整洁　　B. 完好　　C. 对称　　D. 不漏油

E. 周正

26. 全车所有螺栓、螺母应装配齐全，锁止可靠。关键部位螺栓、螺母的（ ）应符合原制造厂维修技术要求。

A. 扭紧顺序　　B. 扭紧力矩　　C. 质量　　D. 形状

E. 方向

27. 发动机在各种工况下运转应稳定，不得有过热现象；不应有异常响声；突然改变工况时，应过渡圆滑，不得有（ ）等异常情况。

A. 突爆　　B. 振动　　C. 发抖　　D. 回火

E. 放炮

28. 起动性能按 GB 18297—2001 中的检验方法进行检验。发动机在（　　）时都能顺利起动。允许起动 3 次。

A. 工作温度　　B. 正常环境温度

C. 低温 255 K（−18℃）　　D. 低温

E. 高温

29. 离合器应接合平稳，分离彻底，操作轻便，工作可靠，不得有（　　）现象，踏板力应不大于 300 N。

A. 异响　　B. 打滑　　C. 响声　　D. 发黏

E. 发抖

30. 变速器（　　），正常工况下不得过热。

A. 换挡轻便　　B. 工作可靠　　C. 换挡方便　　D. 挡位清晰

E. 无异响

31. 自动变速器在车辆行驶中能按规定的换挡点进行升、降挡，（　　）。正常工况下不过热。

A. 换挡平顺　　B. 不打滑

C. 无“呜呜”声　　D. 无冲击

E. 无异响

32. 汽车在行驶中无自行制动现象。制动系装有的比例阀、（　　）或制动防抱死装置应工作正常、有效。

A. 旁通阀　　B. 截止阀　　C. 限压阀　　D. 感载阀

E. 惯性阀

33. 车身应符合 GB/T 5336—2005 的规定。（　　）左右对称，各对称部位离地面高度差不大于 10 mm。

A. 车身　　B. 轴距　　C. 保险杠　　D. 翼子板

E. 悬架

34. 在用车前照灯远光光束发光强度的检验标准是（　　）。

A. 两灯制为 10 000 cd　　B. 两灯制为 11 000 cd

C. 两灯制为 15 000 cd　　D. 四灯制为 10 000 cd

E. 四灯制为 12 000 cd

35. 信号装置检验的规定是：（　　）等及其控制装置应齐全、有效，各元器件性能良好，工作正常，符合原设计要求。

A. 灯光　　B. 调节器　　C. 信号　　D. 继电器

E. 电气设备

36. 其他电气设备检验的规定是：装备有其他与制动、行车安全有关的电子控制系统的元器件，应按原设计（　　），电子控制装置（ECU）应无故障码显示。

A. 装备齐全　　B. 安装到位　　C. 监控有效　　D. 控制单元完整

E. 监控正常

37. 各种排放控制装置应（　　），汽车的排放指标应符合国家标准的要求。

A. 牢固　　B. 周到　　C. 到位　　D. 齐全

E. 有效

38. 汽车滑行性能技术要求包括（　　）。

A. 空载行驶初速度为 30 km/h　　B. 满载行驶初速度为 30 km/h

C. 滑行距离应不少于 200 m　　D. 滑行距离应不少于 220 m

E. 滑行距离应不少于 300 m

39. 机动车在（　　）和清洁的水泥或沥青道路上行驶，以 10 km/h 的速度在 5 s 之内沿螺旋线从直线行驶过渡到直径为 24 m 的圆周行驶，施加于转向盘外缘的最大切向力应不大于 245 N。

A. 平坦　　B. 凹凸不平　　C. 硬实　　D. 潮湿

E. 干燥

电控系统故障诊断与排除

一、判断题（将判断结果填入括号中。正确的填“√”，错误的填“×”）

1. 若发动机不能起动，与蓄电池无关。 （ ）

2. 对于自动变速器汽车，若发动机无法起动，需检查 P/N 开关。 （ ）

3. 热车难起动故障的排除应从混合气过浓方面入手。 （ ）

4. 怠速不稳与真空部分漏气无关。 （ ）

5. 怠速过高有可能是因未进行正确匹配而引起的。 （ ）

6. 踩下加速踏板，发动机转速不升反降，是加速不良故障。 （ ）

7. 踩下加速踏板，发动机加速迟缓，是加速不良故障。 （ ）

8. 排放超标与混合气过稀有关。 （ ）

9. 排放超标与混合气浓度有关。 （ ）

10. 油耗过高与驾驶员的不良驾驶习惯有关。 （ ）

11. 喷油器故障可能会造成发动机怠速转速过低。 （ ）

12. 若柴油机装用气动式调速器，产生游车的原因主要是密封性受到破坏。 （ ）

13. 汽车行驶时不能保持直线行驶方向，而自动偏向一侧称为行驶跑偏。 （ ）

14. 一般情况下，如行驶中传动轴有异响，在车速变化时异响会更加明显。 （ ）

15. 制动距离过长不影响汽车行驶安全性。 （ ）

16. 制动跑偏和轮胎气压无关。 （ ）

17. 自动变速器除了 D 挡外，油压都正常，其主要原因是主油路调压阀卡死或调压弹簧过软。 （ ）

18. 自动变速器汽车起步时踩下加速踏板，发动机转速上升很快但车速升高缓慢，其原因可能是液压油油面太低。 （ ）

19. 轮速传感器可以检测车速。 （ ）

20. 制动压力调节器故障会使常规制动不起作用。 （ ）

21. ABS 和 ECU 故障，ABS 和常规制动都不工作。 （ ）

22. 电磁脉冲式曲轴位置传感器应该使用万用表的直流电压挡测量信号电压。　（　）

23. 凸轮轴位置传感器的作用是向 ECU 提供汽油发动机基准汽缸所处的工作行程和活塞运动方向的信号。　（　）

24. 霍尔式凸轮轴位置传感器应该使用万用表的直流电压挡测量信号电压。　（　）

25. 进气温度传感器可使用万用表的电阻挡测量电阻值。　（　）

26. 负温度系数热敏电阻式水温传感器随着温度的上升电阻值下降。　（　）

27. 水温传感器可使用万用表的电阻挡测量电阻值。　（　）

28. 爆震传感器输出信号随缸体振动的增大而增大。　（　）

29. 节气门位置传感器主要有线性输出型和开关量输出型两种。　（　）

30. 节气门位置传感器可使用万用表的交流电压挡检测工作电压。　（　）

31. 氧传感器可使用万用表的电阻挡测量电阻值。　（　）

32. 检测空气量的传感器主要有流量计和真空压力传感器两大类。　（　）

33. 热膜式空气流量计应检测频率信号。　（　）

34. 喷油器可使用万用表的交流电压挡检测工作电压。　（　）

35. 怠速控制机构是利用传感器收集发动机的怠速运行状态，经发动机 ECU 的综合比较、分析，最终输出指令让执行机构实现对发动机的怠速控制。　（　）

36. 步进电动机式怠速阀可使用万用表的交流电压挡检测工作电压。　（　）

37. 炭罐电磁阀可使用万用表的电阻挡检测线圈电阻值。　（　）

38. EGR 电磁阀由衔铁、电磁线圈和回位弹簧等部分组成。　（　）

39. EGR 电磁阀可使用万用表的电阻挡检测线圈电阻值。　（　）

40. 单缸独立点火也称一体式直接点火，点火控制器、点火线圈和火花塞帽组合在一起，每缸一个，无须高压线。　（　）

41. 车速传感器主要有舌簧开关型和光电耦合型。　（　）

42. 检测磁电式车速传感器时应检测线圈的电阻和交流信号电压。　（　）

43. 4T65E 速度传感器 VSS 的检测阻值是 98～147 Ω（20℃）。　（　）

44. 负温度系数热敏电阻式油温传感器随着温度的上升电阻值下降。　（　）

45. 油温传感器可使用万用表的电阻挡测量电阻值。　（　）

46. 开关式的换挡电磁阀一般只有开和关两种状态。（　　）

47. 换挡电磁阀一般由衔铁、电磁线圈和回位弹簧等部分组成。（　　）

48. 换挡电磁阀可使用万用表的电阻挡检测线圈电阻值。（　　）

49. 锁止离合器控制电磁阀可使用万用表的电阻挡检测线圈电阻值。（　　）

50. 油压电磁阀由衔铁、电磁线圈和回位弹簧等部分组成。（　　）

51. 油压电磁阀可使用万用表的电阻挡检测线圈电阻值。（　　）

52. 空挡起动开关一般位于变速器手动轴上方或者手动选挡杆下方。（　　）

53. 轮速传感器有电磁感应式和霍尔式两种。（　　）

54. 检测磁电式轮速传感器时应检测线圈的电阻和交流信号电压。（　　）

55. 车身高度传感器的电压一般在 0.5～5 V 之间变化。（　　）

56. ECU 结合来自轮速传感器和转向角度传感器的输入信息计算出车辆的目标动作。（　　）

57. 电控悬架自诊断系统具有监测系统工作状况、存储故障码及失效保护的作用。（　　）

58. 检测电阻式转矩传感器时应该检测其电压。（　　）

59. 车身位移传感器故障会引起车身高度控制不起作用。（　　）

60. 电控悬架出现故障，无论有无故障码，都应进行系统电路故障的检测。（　　）

二、单项选择题（选择一个正确的答案，将相应的字母填入题内的括号中）

1. 发动机不能起动，一般由点火系统故障、起动机故障、ECU 故障、（　　）等原因引起。

A. 氧传感器故障　　B. ABS 故障

C. 发电机故障　　D. 防盗系统故障

2. 热车难起动的原因有水温传感器故障、进气温度传感器故障、冷起动喷油器故障、（　　）等。

A. 起动机故障　　B. 曲轴位置传感器故障

C. 油泵损坏　　D. 喷油器漏油

3. 热车难起动的原因有喷油器漏油、进气温度传感器故障、冷起动喷油器故障、

(　　)等。

A. 起动机故障　　B. 曲轴位置传感器故障

C. 水温传感器故障　　D. 油泵损坏

4. 某车熄火一定时间后难起动，熄火后油压表指示值缓慢下降，应该(　　)。

A. 清洗喷油器　　B. 更换喷油器

C. 更换线束　　D. 更换水温传感器

5. 怠速不稳的原因有混合气过浓或过稀、喷油器工作不良、点火能量不足、(　　)等。

A. 无点火信号　　B. 喷油器都不工作

C. 缺缸　　D. ECU 不工作

6. 排除怠速不稳的故障时，若有缺缸现象，检测方法正确的是(　　)。

A. 检查水温传感器　　B. 检查怠速控制机构

C. 检查各喷油器状况　　D. 检查氧传感器信号器

7. 怠速过高的原因有传感器故障、怠速控制机构故障、喷油器故障、(　　)等。

A. 真空漏气　　B. 油压过低　　C. 无点火信号　　D. 混合气过稀

8. 某车清洗节气门体后怠速居高不下，应(　　)。

A. 检测是否缺火　　B. 检测节气门体是否积炭

C. 让控制单元进行怠速调整　　D. 检测喷油器

9. 某车怠速高，检测时发现空气流量计怠速时的信号偏高，节气门位置传感器正常，应(　　)。

A. 检测是否缺缸　　B. 检测怠速机构是否积炭、卡滞

C. 检测点火能量　　D. 检测汽缸压力

10. 加速不良的原因有喷油器喷油不良、汽缸压缩压力低、燃油系统压力过高或过低、点火高压弱、点火正时不正确、(　　)等。

A. 油泵不工作　　B. 怠速机构故障

C. 排气管堵塞　　D. 无高压火

11. 动力不足的原因有喷油器喷油不良、燃油系统压力过高或过低、点火高压弱、点火

正时不正确、（　　）等。

A. 油泵不工作　　B. 怠速机构故障

C. 汽缸压缩压力低　　D. 无高压火

12. 动力不足的原因有喷油器喷油不良、汽缸压缩压力低、燃油系统压力过高或过低、点火高压弱、点火正时不正确、（　　）等。

A. 油泵不工作　　B. 怠速机构故障

C. 排气管堵塞　　D. 无高压火

13. 某车动力不足，检测时发现空气流量计信号不正常，应先排除（　　）故障。

A. 缺火　　B. 空气流量计　　C. 怠速系统　　D. 喷油器

14. 排放超标的原因有喷油器喷油故障、触媒失效、点火高压弱、（　　）等。

A. 油泵损坏　　B. 油管破裂　　C. 无高压火　　D. 传感器信号不准确

15. 某车排放超标，检测时不正确的方法是（　　）。

A. 检测油泵继电器　　B. 检测是否缺火

C. 检测传感器　　D. 检测喷油器

16. 油耗高的原因有喷油器喷油故障、传感器信号不准确、点火高压弱、（　　）等。

A. 油泵损坏　　B. 油管破裂

C. 燃油压力过高　　D. 无高压火

17. 某车油耗过高，检测时发现进气管压力传感器信号过高，显示真空压力接近零，应（　）。

A. 检测是否缺火　　B. 检查进气管压力传感器真空管是否破裂

C. 检测氧传感器　　D. 检测喷油器

18. 某车油耗过高，检测时发现歧管压力传感器信号过高，显示真空压力不正确，偏高，应（　）。

A. 检测喷油器　　B. 检测火花塞

C. 检测高压线　　D. 检测歧管压力传感器

19. 怠速过低的原因有传感器故障、油压过低、喷油器故障、点火正时不正确、（　　）等。

A. 混合气过浓　　B. 油压过高

C. 无点火信号　　D. 怠速控制机构故障

20. 游车常在（　）加载过程中发生。

A. 高速　　B. 低速　　C. 怠速　　D. 忽高忽低变化

21. 游车的主要原因是喷油泵或某些缸的喷油器技术状况不良，（　）工作不正常。

A. 传感器　　B. 变速器　　C. 调速器　　D. 火花塞

22. 柴油发动机游车的表现为（　）。

A. 怠速转速一直往上升　　B. 无法怠速

C. 怠速转速忽高忽低　　D. 怠速转速远远小于规定值，且保持不变

23. 行驶跑偏的原因有两侧车轮胎压不一致、悬架变形、两侧轮胎磨损不一致、（　）等。

A. 转向器故障　　B. 转向角不正确

C. 前轮定位不准　　D. 车轮螺栓损坏

24. 传动轴异响的原因有万向节磨损、传动轴不平衡、（　）等。

A. 离合器变形　　B. 转向器故障　　C. 传动轴变形　　D. 前轮定位不准

25. 前轮摆动的原因有车轮不平衡、前轮定位不准、横拉杆球头磨损、（　）等。

A. 离合器变形　　B. 车轮轮辋产生偏摆

C. 转向器故障　　D. 转向盘故障

26. 制动距离过长引起的原因有制动液不足、制动盘磨损、制动踏板空行程过长、（　）等。

A. 胎压不一致　　B. 制动衬片磨损过度

C. 车轮损坏　　D. 制动踏板无自由行程

27. 制动距离过长引起的原因有制动液不足、制动盘磨损、制动衬片磨损过度、（　）等。

A. 制动踏板空行程过长　　B. 胎压不一致

C. 车轮损坏　　D. 制动踏板无自由行程

28. 制动跑偏的原因有悬架元件连接螺栓松动、轮胎压力不一致、一侧制动分泵活塞活

动受阻、（　　）等。

A. 制动液少　　B. 制动主缸故障

C. 一侧制动器底板变形　　D. 制动踏板行程过大

29. 油尺上有胶质物，其产生的原因是（　　）。

A. 离合器、制动器严重磨损　　B. 油温过高而变质

C. 油平面过高或通气孔堵塞　　D. 没有及时更换油液

30. 若油平面过高，经剧烈搅动后油液会产生大量泡沫，影响液压控制系统的（　　）、油压、泄油等。

A. 传动　　B. 泵油　　C. 打开　　D. 闭合

31. 自动变速器从加油管中加入规定的 ATF，一般油底壳内的储油量为（　　）L 左右。

A. 3　　B. 4　　C. 5　　D. 6

32. 检测霍尔式轮速传感器时应使用万用表的（　　）。

A. 直流电压挡　　B. 交流电压挡　　C. 直流电流挡　　D. 交流电流挡

33. 检测 ABS 油泵时应使用万用表的（　　）。

A. 电阻挡　　B. 交流电压挡　　C. 直流电流挡　　D. 交流电流挡

34. ABS 正常时，ECU 自检，叙述正确的是：打开点火开关，（　　）。

A. ABS 指示灯应亮 2 s 左右熄灭　　B. ABS 指示灯应常亮

C. ABS 指示灯应常暗　　D. ABS 指示灯应闪烁

35. 发动机曲轴位置及转速传感器的主要类型有电磁脉冲式、光电式及（　　）。

A. 霍尔效应式　　B. 舌簧开关式　　C. 电阻式　　D. 热线式

36. 发动机曲轴位置及转速传感器的主要类型有霍尔效应式、光电式及（　　）。

A. 舌簧开关式　　B. 电阻式　　C. 电磁脉冲式　　D. 热线式

37. 检测电磁脉冲式曲轴位置传感器时应使用万用表的（　　）。

A. 直流电压挡　　B. 交流电压挡　　C. 直流电流挡　　D. 交流电流挡

38. 凸轮轴位置传感器的主要类型有霍尔效应式、光电式及（　　）。

A. 舌簧开关式　　B. 电阻式　　C. 电磁脉冲式　　D. 热线式

39. 检测霍尔式凸轮轴位置传感器时应使用万用表的（ ）。

A. 直流电压挡 B. 交流电压挡 C. 直流电流挡 D. 交流电流挡

40. 正温度系数热敏电阻式进气温度传感器随着温度的上升电阻值（ ）。

A. 上升 B. 下降 C. 不变 D. 先上升后下降

41. 检测进气温度传感器时应使用万用表的（ ）。

A. 交流电压挡 B. 直流电压挡 C. 直流电流挡 D. 交流电流挡

42. 检测进气温度传感器时应使用万用表的（ ）。

A. 交流电压挡 B. 电阻挡 C. 直流电流挡 D. 交流电流挡

43. 负温度系数热敏电阻式水温传感器随着温度的下降电阻值（ ）。

A. 上升 B. 下降 C. 不变 D. 先上升后下降

44. 共振型压电式爆震传感器主要由压电元件、（ ）和基座组成。

A. 感应线圈 B. 振荡片 C. 配重 D. 永久磁铁

45. 共振型压电式爆震传感器主要由振荡片、（ ）和基座组成。

A. 感应线圈 B. 压电元件 C. 配重 D. 永久磁铁

46. 随着发动机缸体振动的增大，爆震传感器输出波形的幅值（ ）。

A. 不变 B. 增大 C. 减少 D. 先增后减

47. 节气门位置传感器的主要类型有开关量输出型和（ ）。

A. 电阻输出型 B. 线性输出型 C. 电流输出型 D. 电压输出型

48. 检测节气门传感器时应使用万用表的（ ）。

A. 交流电压挡 B. 电阻挡 C. 直流电流挡 D. 交流电流挡

49. 氧化锆式氧传感器电压信号的范围是（ ）V。

A. 0.1～0.9 B. 1～5 C. 5～12 D. 0～12

50. 检测氧传感器时应使用万用表的（ ）。

A. 交流电压挡 B. 直流电压挡 C. 直流电流挡 D. 交流电流挡

51. 氧化锆式氧传感器的输出信号为（ ）V。

A. 0 B. 5 C. 0.1～0.9 D. 0～5

52. 叶片式空气流量计主要检测空气的（ ），并将信号传送至电脑。

A. 流速 B. 质量 C. 温度 D. 密度

53. 高阻值喷油器的阻值一般为（ ）Ω。

A. 5～6 B. 6～8 C. 11～13 D. 13～16

54. 低阻值喷油器的阻值一般为（ ）Ω。

A. 0.6～3 B. 6～8 C. 11～13 D. 13～16

55. 检测喷油器时应使用万用表的（ ）。

A. 交流电压挡 B. 直流电压挡 C. 直流电流挡 D. 交流电流挡

56. 怠速控制装置常采用节气门直动式和（ ）。

A. 节气门旁通气道式 B. 步进电动机式

C. 旋转滑阀式 D. 节气门被动式

57. 使用诊断仪检测通用车系步进电动机式怠速阀位置时，怠速空气旁通道全关显示（ ）步。

A. 0 B. 55 C. 125 D. 255

58. 炭罐电磁阀由衔铁、（ ）、回位弹簧和壳体等部分组成。

A. 电磁线圈 B. 触点 C. 双金属片 D. 热敏电阻

59. 检测炭罐电磁阀时应使用万用表的（ ）。

A. 交流电压挡 B. 直流电压挡 C. 直流电流挡 D. 交流电流挡

60. 检测炭罐电磁阀时应使用万用表的（ ）。

A. 交流电压挡 B. 电阻挡 C. 直流电流挡 D. 交流电流挡

61. EGR 电磁阀由衔铁、（ ）、电磁线圈和壳体等部分组成。

A. 回位弹簧 B. 触点 C. 双金属片 D. 热敏电阻

62. 点火模块由壳体、（ ）和电接头等部分组成。

A. 电磁线圈 B. 触点 C. 晶体管电路 D. 热敏电阻

63. 点火模块由壳体、（ ）和晶体管电路等部分组成。

A. 电接头 B. 触点 C. 电磁线圈 D. 热敏电阻

64. 单缸独立点火的点火线圈的检测方法之一是（ ）。

A. 检测二次高压 B. 检测一次电压

C. 检测一次绕组的电阻　　D. 检测一次电流

65. 车速传感器主要有光电耦合型和（　　）。

A. 舌簧开关型　　B. 电阻型　　C. 磁感应型　　D. 霍尔型

66. 对磁电式车速传感器正确的检测方法是检测（　　）。

A. 电阻　　B. 直流信号电压

C. 直流信号电流　　D. 交流信号电流

67. 4T65E 主动轴转速传感器 ISS 传感器与齿圈的间隙为（　　）mm。

A. 0.08～2.12　　B. 0.10～2.5

C. 0.15～3.0　　D. 0.20～3.5

68. 4T65E 速度传感器 VSS 传感器与齿圈的间隙为（　　）mm。

A. 0.47～1.77　　B. 0.37～1.67

C. 0.17～1.47　　D. 0.27～1.57

69. 4T65E 主动轴转速传感器 ISS 传感器阻值是（　　）Ω（20℃）。

A. 1 093～2 127　　B. 893～1 127

C. 93～127　　D. 193～727

70. 负温度系数热敏电阻式油温传感器随着温度的下降电阻值（　　）。

A. 上升　　B. 下降　　C. 不变　　D. 先上升后下降

71. 4T65E 自动变速器的油液压力 TFP 手动阀位置开关由（　　）个油液压力 TFP 开关组成。

A. 4　　B. 5　　C. 6　　D. 7

72. （　　）换挡电磁阀通电后，其泄油口关闭，油压增高并作用在换挡阀上。

A. 霍尔式　　B. 常开式　　C. 电磁感应式　　D. 常闭式

73. 4T65E 自动变速器中的油液压力 TFP 手动阀位置开关 D1，D4，R 挡为（　　）开关。

A. 常开　　B. 常闭　　C. 霍尔式　　D. 齿轮式

74. 换挡电磁阀一般由衔铁、（　　）、电磁线圈和壳体等部分组成。

A. 回位弹簧　　B. 触点　　C. 双金属片　　D. 热敏电阻

75. 检测换挡电磁阀时应使用万用表的（　　）。

A. 交流电压挡　B. 电阻挡　C. 直流电流挡　D. 交流电流挡

76. 锁止离合器控制电磁阀由衔铁、（　　）、回位弹簧和壳体等部分组成。

A. 电磁线圈　B. 触点　C. 双金属片　D. 热敏电阻

77. 检测锁止离合器控制电磁阀时应使用万用表的（　　）。

A. 交流电压挡　B. 直流电压挡　C. 直流电流挡　D. 交流电流挡

78. 检测锁止离合器控制电磁阀时应使用万用表的（　　）。

A. 交流电压挡　B. 电阻挡　C. 直流电流挡　D. 交流电流挡

79. 油压电磁阀由衔铁、（　　）、电磁线圈和壳体等部分组成。

A. 回位弹簧　B. 触点　C. 双金属片　D. 热敏电阻

80. 制动开关正确的检测方法是（　　）。

A. 查看数据流，看制动开关的状态是否改变

B. 查看数据流，制动开关的状态应不变化

C. 制动开关信号由小到大成线性变化

D. 制动开关信号由大到小成线性变化

81. 制动开关正确的检测方法是（　　）。

A. 制动开关信号由小到大成线性变化

B. 制动开关信号由大到小成线性变化

C. 查看数据流，制动开关的状态应不变化

D. 用万用表检测制动开关动作信号

82. 空挡起动开关通常有两种类型，一种是逻辑判断型，另一种是（　　）。

A. 触点型　B. 电磁型　C. 电阻型　D. 电压型

83. 空挡起动开关通常有两种类型，一种是触点型，另一种是（　　）。

A. 电阻型　B. 电磁型　C. 逻辑判断型　D. 电压型

84. 轮速传感器有霍尔式和（　　）。

A. 电阻式　B. 光电耦合式　C. 电磁感应式　D. 舌簧开关式

85. 检测磁电式轮速传感器时应检测（　　）。

A. 电阻　　B. 直流信号电压
C. 直流信号电流　　D. 交流信号电流

86. 车身高度传感器有簧片式、光电式和（　　）。
A. 电阻式　B. 霍尔式　C. 电磁感应式　D. 舌簧开关式

87. 车身高度传感器有簧片式、霍尔式和（　　）。
A. 电阻式　B. 电磁感应式　C. 光电式　D. 舌簧开关式

88. 光电式车高传感器的常见故障是（　　）。
A. 悬架毁坏　B. 线路烧毁　C. 传感器变形　D. 发光二极管损坏

89. 光电式车高传感器的常见故障是（　　）。
A. 悬架毁坏　　B. 线路烧毁
C. 光敏三极管损坏　　D. 传感器变形

90. 转向角度传感器在转向盘满舵时，其误差一般为（　　）。
A. 5°　B. 10°　C. 15°　D. 20°

91. 电控悬架自诊断系统具有失效保护、存储故障码、（　　）等功用。
A. 消除故障码　　B. 监测系统工作状况
C. 排除故障　　D. 更换元件

92. 电阻式转矩传感器的特点是体积大，（　　）。
A. 价格高　B. 精度低　C. 精度高　D. 精度低且价格低

93. 非接触式转矩传感器的原理是当转向盘转动时，扭杆受转动力矩作用发生扭转，探测线圈与探测环之间的（　　）发生变化而导致线圈磁阻改变，并最终反映转矩的变化。
A. 位置　B. 电压　C. 电阻　D. 电流

94. 转矩传感器的安装位置在（　　）。
A. 转向盘下方　B. 转向盘上方　C. 助力机构上　D. ECU中

95. 非接触式转矩传感器的探测线圈与探测环是（　　）。
A. 前者固定在传感器上，后者动　　B. 前者动，后者固定在传感器上
C. 两者都动　　D. 两者都固定

96. 与车身高度控制不起作用不相关的故障是（　　）。

A. 高度控制电源电路故障　　B. 高度控制开关故障

C. 转向角度传感器故障　　D. 车身位移传感器故障

97. 电控悬架电路故障诊断与检测方法不正确的是（　　）。

A. 如有故障码，应根据故障码找出故障部位

B. 如有故障码，则悬架 ECU 中断相应的控制

C. 如有故障码，依然可以进行电控悬架的控制

D. 如有故障码，则车身高度无法调整

三、多项选择题（选择一个以上正确的答案，将相应的字母填入题内的括号中）

1. 引起发动机不能起动的原因是（　　）。

A. 防盗系统故障　　B. 起动机故障

C. ECU 故障　　D. 点火系统故障

E. 发电机故障

2. 引起无高压火的原因是（　　）。

A. 起动机故障　　B. 点火模块故障

C. 曲轴位置传感器故障　　D. ECU 损坏

E. 发电机故障

3. 引起怠速不稳的原因是（　　）。

A. 缺缸　　B. 喷油器工作不良

C. 点火能量不足　　D. 控制信号与实际工况不匹配

E. 怠速电动机故障

4. 若怠速不稳，检测方法正确的是（　　）。

A. 读取故障码　　B. 检测是否缺缸

C. 检测怠速控制装置　　D. 检测各火花塞状况

E. 检测各喷油器状况

5. 引起怠速过高的原因是（　　）。

A. 传感器故障　　B. 真空漏气

C. 怠速控制装置故障　　D. 油压过低

E. 混合气稀

6. 引起加速不良的原因是（　　）。

A. 汽缸压缩压力低　　B. 排气管堵塞

C. 传感器信号错误　　D. 系统油压过低或过高

E. 点火高压弱

7. 某车加速不良，检测方法正确的是（　　）。

A. 检测是否缺缸　　B. 检测喷油器工作状况

C. 检测汽缸压力　　D. 检测进、排气系统

E. 检测燃油压力

8. 引起动力不足的原因是（　　）。

A. 汽缸压缩压力低　　B. 排气管堵塞

C. 传感器信号错误　　D. 系统油压过低或过高

E. 点火高压弱

9. 引起排放超标的原因是（　　）。

A. 喷油器喷油故障　　B. 传感器信号不准确

C. 点火高压弱　　D. 三元催化装置失效

E. 油泵损坏

10. 某车排放超标，检测方法正确的是（　　）。

A. 检测是否缺火　　B. 检测喷油器工作状况

C. 检测传感器信号　　D. 检测油泵

E. 检测自动变速器信号

11. 引起油耗过高的原因是（　　）。

A. 喷油器喷油故障　　B. 传感器信号不准确

C. 点火高压弱　　D. 油压过高

E. 油泵损坏

12. 引起怠速过低的原因是（　　）。

A. 传感器故障　　B. 油压过低

C. 怠速控制装置故障　　D. 点火正时不正确

E. 开关信号不良

13. 若某车游车，应检测（　　）。

A. 调速器机油

B. 喷油泵凸轮轴轴向间隙

C. 调速器飞块行程和调速弹簧的预紧度

D. 喷油器

E. 排气管

14. 造成行驶跑偏的原因是（　　）。

A. 两侧车轮胎压不一致　　B. 悬架变形

C. 前轮定位不准　　D. 两侧轮胎磨损不一致

E. 车轮螺栓损坏

15. 造成传动轴异响的原因是（　　）。

A. 前轮定位不准　　B. 传动轴变形

C. 传动轴不平衡　　D. 万向节磨损

E. 车轮螺栓损坏

16. 造成前轮摆动的原因是（　　）。

A. 前轮定位不准　　B. 车轮不平衡

C. 横拉杆球头磨损　　D. 车轮轮辋产生偏摆

E. 前悬架螺母松动

17. 造成制动跑偏的原因是（　　）。

A. 悬架元件连接螺栓松动　　B. 轮胎压力不一致

C. 一侧制动分泵活塞活动受阻　　D. 一侧制动器底板变形

E. 制动液少

18. 通常在车辆行驶 1 万公里后应检查油位，其步骤是（　　）。

A. 保持正常工作温度（70～80℃）

B. 车辆停平、拉紧驻车制动器、N 挡起动

C. 怠速运转1 min以上，将选挡手柄在各挡停留片刻后拨至P挡

D. 标准液面的高度为：常温（25℃）时应在油尺刻线下限处（COOL），热车（工作温度）时应在油尺刻线上限处（HOT）

E. 油液颜色无关紧要

19. D挡和R挡油压都过高的原因是（　　）。

A. 主油路调压阀卡死或调压弹簧过硬

B. 主油路调压阀卡死或调压弹簧过软

C. D挡油路或离合器有泄漏处

D. 油压电磁阀损坏或线路故障

E. 管路泄漏

20. 检测电磁感应式轮速传感器时应使用万用表的（　　）。

A. 直流电压挡　B. 交流电压挡　C. 电阻挡　D. 交流电流挡

E. 直流电流挡

21. 检测ABS油泵时应使用万用表的（　　）。

A. 直流电压挡　B. 交流电压挡　C. 电阻挡　D. 交流电流挡

E. 直流电流挡

22. 有关ABS系统叙述正确的是（　　）。

A. 无故障时，ABS指示灯应亮2 s左右熄灭

B. ABS指示灯应常亮

C. ABS指示灯应闪烁

D. ABS和ECU无供电时，ABS不工作

E. ABS和ECU无供电时，ABS也工作

23. 凸轮轴位置传感器的主要类型有（　　）。

A. 霍尔效应式　B. 舌簧开关式　C. 光电式　D. 电磁脉冲式

E. 电阻式

24. 检测电磁脉冲式凸轮轴位置传感器时应使用万用表的（　　）。

A. 直流电压挡　B. 交流电压挡　C. 电阻挡　D. 交流电流挡

E. 直流电流挡

25. 进气温度传感器由（ ）组成。

A. 壳体　B. 热敏电阻　C. 电接头　D. 双金属片

E. 电磁线圈

26. 水温传感器由（ ）组成。

A. 壳体　B. 热敏电阻　C. 电接头　D. 双金属片

E. 电磁线圈

27. 检测水温传感器时应使用万用表的（ ）。

A. 直流电压挡　B. 直流电流挡　C. 电阻挡　D. 交流电压挡

E. 交流电流挡

28. 磁致伸缩式爆震传感器主要由（ ）组成。

A. 感应线圈　B. 磁芯　C. 壳体　D. 永久磁铁

E. 压电元件

29. 节气门位置传感器的主要类型有（ ）。

A. 电阻输出型　B. 线性输出型　C. 电流输出型　D. 电压输出型

E. 开关量输出型

30. 检测节气门传感器时应使用万用表的（ ）。

A. 直流电压挡　B. 直流电流挡　C. 电阻挡　D. 交流电压挡

E. 交流电流挡

31. 在实际应用中使用比较广泛的氧传感器主要有（ ）。

A. 氧化锆式　B. 氧化铂式　C. 氧化钛式　D. 氧化钯式

E. 氧化铑式

32. 在电子控制汽油喷射发动机中使用的空气流量计主要有（ ）。

A. 热线式　B. 热膜式　C. 卡门旋涡式　D. 双金属式

E. 石蜡式

33. 翼片式空气流量计正确的检测方法是检测（ ）。

A. 电阻　B. 频率　C. 电流　D. 电压

E. 容量

34. 轴针式喷油器的组成部分是（　　）。

A. 电磁线圈　B. 弹簧　C. 衔铁　D. 针阀

E. 轴针

35. 步进电动机式怠速控制装置的控制内容主要有（　　）。

A. 起动初始位置设定　B. 起动后控制

C. 暖机控制　D. 反馈控制

E. 学习控制

36. 检测通用车系步进电动机式怠速阀时应使用万用表的（　　）。

A. 直流电压挡　B. TECH2 读取步数

C. 电阻挡　D. 交流电压挡

E. 交流电流挡

37. 炭罐电磁阀由（　　）组成。

A. 电磁线圈　B. 回位弹簧　C. 壳体　D. 热敏电阻

E. 衔铁

38. EGR 电磁阀由（　　）等部分组成。

A. 电磁线圈　B. 回位弹簧　C. 壳体　D. 热敏电阻

E. 衔铁

39. 检测 EGR 电磁阀时应使用万用表的（　　）。

A. 直流电压挡　B. 直流电流挡　C. 电阻挡　D. 交流电压挡

E. 交流电流挡

40. 点火模块由（　　）组成。

A. 电接头　B. 晶体管电路　C. 壳体　D. 热敏电阻

E. 衔铁

41. 车速传感器主要有（　　）。

A. 舌簧开关型　B. 光电耦合型　C. 电阻型　D. 霍尔型

E. 磁感应型

42. 磁电式车速传感器正确的检测方法是检测（　　）。

A. 线圈电阻　　B. 交流信号电流

C. 直流信号电压　　D. 交流信号电压

E. 直流信号电流

43. 4T65E 主动轴转速传感器 ISS 的作用是（　　）。

A. 控制管路压力　　B. 决定换挡方式

C. 控制 TCC 的接合　　D. 控制 TCC 的释放

E. 控制 TCC 的滑移量

44. 油温传感器由（　　）组成。

A. 壳体　　B. 热敏电阻　　C. 电接头　　D. 双金属片

E. 电磁线圈

45. 检测油温传感器时应使用万用表的（　　）。

A. 直流电压挡　　B. 直流电流挡　　C. 电阻挡　　D. 交流电压挡

E. 交流电流挡

46. 4T65E 换挡电磁阀的阻值是（　　）Ω。

A. 50～95（88℃）　　B. 19～24（20℃）

C. 24～31（88℃）　　D. 14～40（20℃）

E. 45～58（88℃）

47. 换挡电磁阀的构成部件有（　　）。

A. 电磁线圈　　B. 回位弹簧　　C. 壳体　　D. 热敏电阻

E. 衔铁

48. 检测换挡电磁阀时应使用万用表的（　　）。

A. 直流电压挡　　B. 直流电流挡　　C. 电阻挡　　D. 交流电压挡

E. 交流电流挡

49. 锁止离合器控制电磁阀的构成部件有（　　）。

A. 电磁线圈　　B. 回位弹簧　　C. 壳体　　D. 热敏电阻

E. 衔铁

50. 油压电磁阀的构成部件有（　　）。

A. 电磁线圈　　B. 回位弹簧　　C. 壳体　　D. 热敏电阻

E. 衔铁

51. 检测油压电磁阀时应使用万用表的（　　）。

A. 直流电压挡　　B. 直流电流挡　　C. 电阻挡　　D. 交流电压挡

E. 交流电流挡

52. 制动开关正确的检测方法是（　　）。

A. 查看数据流，看制动开关的状态是否改变

B. 用万用表检测制动开关动作信号

C. 查看数据流，制动开关的状态应不变化

D. 制动开关信号由大到小成线性变化

E. 制动开关信号由小到大成线性变化

53. 轮速传感器的种类有（　　）。

A. 电阻式　　B. 霍尔式　　C. 电磁感应式　　D. 光电耦合式

E. 舌簧开关式

54. 检测磁电式轮速传感器时应检测（　　）。

A. 线圈电阻　　B. 交流信号电流

C. 直流信号电压　　D. 交流信号电压

E. 直流信号电流

55. 车身高度传感器的种类有（　　）。

A. 簧片式　　B. 霍尔式　　C. 电磁感应式　　D. 光电式

E. 舌簧开关式

56. ECU结合来自（　　）的输入信息计算出车辆的目标动作。

A. 轮速传感器　　B. 车速传感器

C. 横摆率传感器　　D. 转向角度传感器

E. 转向转矩传感器

57. 电控悬架自诊断系统的功用是（　　）。

A. 监测系统工作状况　　B. 存储故障码

C. 进行失效保护　　D. 排除故障

E. 消除故障码

58. 转矩传感器的种类有（　　）。

A. 磁环式　　B. 非接触式　　C. 电阻式　　D. 机械式

E. 光电式

59. 造成车身高度控制不起作用的原因是（　　）。

A. 高度控制电源电路故障　　B. 高度控制开关故障

C. 转向角度传感器故障　　D. 车身位移传感器故障

E. 扭转传感器故障

60. 电控悬架电路故障诊断与检测方法正确的是（　　）。

A. 如有故障码，应根据故障码找出故障部位

B. 如有故障码，则悬架 ECU 中断相应的控制

C. 如有故障码，则车身高度无法调整

D. 如有故障码，依然可以进行电控悬架的控制

E. 如没有故障码则无须检测

汽车手动空调系统故障诊断与排除

一、判断题（将判断结果填入括号中。正确的填“√”，错误的填“×”）

1. 制冷剂过少只需添加制冷剂即可。（　　）

2. 从视液镜观察发现制冷剂清晰、无气泡，高、低压力侧系统压力都偏高，说明制冷剂过多。（　　）

3. 制冷剂过多不会对空调系统造成故障。（　　）

4. 空调系统无制冷剂时，应立刻停止使用。（　　）

5. 压缩机不工作会造成空调系统不制冷。（　　）

6. 空调系统中制冷剂越多则制冷效果越好。（　　）

7. 检查系统压力，高、低压力都偏低（高压低于 883 kPa，低压低于 78 kPa），且视液镜中有气泡，出风口空气不冷时，说明制冷剂不足。（　　）

8. 膨胀阀堵塞会引起空调系统不制冷。（　　）

9. 压缩机电磁离合器故障会造成空调系统不工作。（　　）

10. 膨胀阀堵塞分为脏堵和冰堵。（　　）

11. 冷却液控制阀卡死会导致空调系统不制热。（　　）

12. 一般轿车的冷却系统都采用水暖方式。（　　）

13. 冷凝器漏气时应进行焊补或更换。（　　）

14. 风机工作不正常会造成空调系统出风量不足。（　　）

15. 压缩机阀板组常处在高温的恶劣条件下工作。（　　）

二、单项选择题（选择一个正确的答案，将相应的字母填入题内的括号中）

1. 从视液镜观察发现制冷剂有气泡，泡沫不断流过，说明（　　）。

A. 制冷剂过少　　B. 制冷剂过多
C. 制冷剂适量　　D. 制冷剂中冷冻油过多

2. 从视液镜观察发现制冷剂（　　），说明制冷剂过少。

A. 有大量气泡，泡沫不断流过　　B. 清晰
C. 偶尔有气泡　　D. 有长串油纹

3. 若制冷剂过少，在添加制冷剂前应该（　　）。

A. 检测是否有空气　　B. 检测是否有水分
C. 检测是否泄漏　　D. 检测空调继电器

4. 若因泄漏引起制冷剂过少，应该（　　）。

A. 直接补充制冷剂　　B. 查找泄漏部位
C. 更换压缩机　　D. 检测空调继电器

5. 从视液镜观察发现制冷剂（　　），高、低压力侧系统压力都偏高，说明制冷剂过多。

A. 有气泡，泡沫流过　　B. 清晰、无气泡
C. 偶尔有气泡　　D. 有长串油纹

6. 当系统内（　）时，应适当排除。

A. 制冷剂过多　B. 制冷剂正常　C. 有水分　D. 有空气

7. 从视液镜观察发现制冷剂清晰、无气泡，高、低压力侧系统压力都异常低，说明（　）。

A. 制冷剂过多　B. 制冷剂过少

C. 制冷剂适量　D. 制冷剂中冷冻油过多

8. 从视液镜观察窗发现制冷剂（　），高、低压力侧系统压力都异常低，说明制冷剂过少。

A. 有气泡，泡沫流过　B. 清晰、无气泡

C. 偶尔有气泡　D. 有长串油纹

9. 若空调系统无制冷剂，应检查泄漏并排除故障，（　），充注制冷剂，充注润滑油，运转系统。

A. 抽真空　B. 更换压缩机　C. 更换膨胀阀　D. 更换干燥瓶

10. 若空调系统无制冷剂，应检查泄漏并排除故障，抽真空，充注制冷剂，（　），运转系统。

A. 更换干燥瓶　B. 更换压缩机　C. 更换膨胀阀　D. 充注润滑油

11. 造成空调不制冷的原因是（　）。

A. 制冷剂比标准多 50 g　B. 膨胀阀连续工作时间过长

C. 电磁离合器故障　D. 制冷剂比标准少 50 g

12.（　）不会造成汽车空调不制冷。

A. 压缩机故障　B. 冷凝器故障

C. 鼓风机二挡常转　D. 膨胀阀开度大

13. 造成空调制冷量不足的原因是（　）。

A. 压缩机不工作　B. 膨胀阀开度小

C. 电磁离合器故障　D. 制冷剂软管断开

14. 造成空调制冷量不足的原因是（　）。

A. 冷凝器散热不佳　B. 压缩机不工作

C. 电磁离合器故障　　　　　　　　D. 制冷剂软管破损

15. 正常时在发动机以 2 000 r/min 运转时，压力表的低压读数应为（　　）kPa。

A. 96～118　　　　　　　　　　B. 118～216

C. 216～512　　　　　　　　　　D. 512～1 274

16. 在发动机以 2 000 r/min 运转时，压力表的高压读数应为（　　）kPa。

A. 216～512　　　　　　　　　　B. 512～1 274

C. 1 274～1 596　　　　　　　　D. 1 596～1 600

17. 造成压缩机不工作的原因是（　　）。

A. 系统压力过高　　　　　　　　B. 膨胀阀开度小

C. 压缩机传动带断裂　　　　　　D. 蒸发器结霜

18. 引起压缩机电磁离合器不吸合的原因是（　　）。

A. 压缩机传动带断裂　　　　　　B. 压缩机损坏

C. 压力保护开关断开　　　　　　D. 压缩机阀板损坏

19. 若膨胀阀进口小滤网部位发生结霜现象，又听见气流声断断续续，用小扳手轻敲膨胀阀体，气流声变化，且白霜渐渐融化，说明（　　）。

A. 膨胀阀堵　　B. 干燥瓶堵　　C. 管路泄漏　　D. 蒸发箱堵

20. 若膨胀阀堵，则（　　），又听见气流声断断续续，用小扳手轻敲膨胀阀体，气流声变化，且白霜渐渐融化。

A. 蒸发器结霜　　　　　　　　　B. 进口小滤网部位发生结霜现象

C. 压缩机高压口结霜　　　　　　D. 干燥瓶进口结霜

21. 若膨胀阀堵塞，应回收制冷剂，（　　），抽真空，充注制冷剂，充注润滑油。

A. 拆卸压缩机并进行清洁或更换　　B. 拆卸膨胀阀并进行清洁或更换

C. 拆卸冷凝器并进行清洁或更换　　D. 拆卸蒸发器并进行清洁或更换

22. 若（　　）堵塞，应回收制冷剂，拆卸膨胀阀并进行清洁或更换，抽真空，充注制冷剂，充注润滑油。

A. 膨胀阀　　B. 冷凝器　　C. 压缩机　　D. 蒸发器

23. 造成空调系统不制热的原因是（　　）。

A. 冷凝器堵　　B. 冷却液控制阀拉索断裂
C. 压缩机不工作　　D. 电磁离合器不工作

24. 若空调系统不制热，应排除加热器系统故障、水路系统故障和（　　）。
A. 冷凝器故障　　B. 蒸发器故障　　C. 膨胀阀故障　　D. 送风系统故障

25. 引起空调系统不出风的原因是（　　）。
A. 风机开关损坏　　B. 压缩机不工作
C. 电磁离合器不工作　　D. 制冷剂过少

26. 引起空调系统不出风的原因是（　　）。
A. 压缩机不工作　　B. 风机电刷损坏
C. 制冷剂过少　　D. 电磁离合器不工作

27. 不属于冷凝器检修项目的是（　　）。
A. 散热片的检查　　B. 是否漏气
C. 是否因脏物堵塞接头　　D. 风扇是否工作

28. 不属于冷凝器检修项目的是（　　）。
A. 风扇是否工作　　B. 散热片的检查
C. 管道有无损伤　　D. 是否因脏物堵塞接头

29. 引起空调系统出风量不足的原因是（　　）。
A. 压缩机不工作　　B. 风机固定不良
C. 制冷剂过少　　D. 电磁离合器不工作

30. 压缩机阀板组常见故障有阀片或阀线损坏，高、低压隔腔垫片损坏，（　　）。
A. 阀片、阀座处积炭　　B. 传动带断裂
C. 外壳破损　　D. 离合器坏

31. 用歧管压力表诊断制冷循环系统，在系统正常情况下，高压侧压力应为（　　）MPa。
A. 0.1～0.2　　B. 0.15～0.25
C. 1.4～1.6　　D. 1.6～1.8

32. 用歧管压力表诊断制冷循环系统，在系统正常情况下，低压侧压力应为（　　）

MPa。

A. 0.1～0.2　　B. 0.15～0.25

C. 1.4～1.6　　D. 1.6～1.8

三、多项选择题（选择一个以上正确的答案，将相应的字母填入题内的括号中）

1. 制冷剂过少表现为（　　）。

A. 制冷剂有气泡，泡沫流过　　B. 高压侧压力高

C. 高压侧压力低　　D. 低压侧压力低

E. 低压侧压力高

2. 制冷剂过多表现为（　　）。

A. 低压侧压力低　　B. 高压侧压力低

C. 高压侧压力高　　D. 低压侧压力高

E. 制冷剂清晰、无气泡

3. 排除制冷剂过多的故障时应做到（　　）。

A. 正确连接空调回收仪　　B. 检测管路是否泄漏

C. 排除多余的制冷剂　　D. 加液

E. 更换压缩机

4. 系统中无制冷剂的表现为（　　）。

A. 低压侧压力异常低　　B. 高压侧压力异常低

C. 高压侧压力异常高　　D. 低压侧压力异常高

E. 制冷剂清晰、无气泡

5. 造成空调不制冷的原因是（　　）。

A. 压缩机故障　　B. 制冷剂软管破裂

C. 电磁离合器故障　　D. 膨胀阀开度小

E. 蒸发器结霜

6. （　　）不会造成汽车空调完全不制冷。

A. 制冷剂不足

B. 膨胀阀堵塞或蒸发器片堵塞

C. 冷凝器片有部分堵塞或系统温度过高

D. 空调系统管路泄漏

E. 空调熔丝烧断，线路破损、短路或者接插件不良

7. （ ）不会引起压缩机不工作。

A. 电磁离合器打滑　　B. 压缩机传动带断裂

C. 压缩机内部故障　　D. 系统压力偏高

E. 系统压力偏低

8. 引起压缩机不工作的原因是（ ）。

A. 电磁离合器打滑　　B. 压缩机传动带断裂

C. 压缩机故障　　D. 系统压力过高

E. 系统压力过低

9. 引起压缩机电磁离合器不吸合的原因是（ ）。

A. 电磁线圈断路　　B. 温控开关断开

C. 压力保护开关断开　　D. 压缩机阀板损坏

E. 压缩机损坏

10. 膨胀阀堵表现为（ ）。

A. 进口小滤网部位发生结霜现象

B. 气流声断断续续

C. 用小扳手轻敲膨胀阀体，气流声变化，且白霜渐渐融化

D. 蒸发器结霜

E. 压缩机不工作

11. 造成空调系统不制热的原因是（ ）。

A. 冷却液控制阀卡死　　B. 冷却液控制阀拉索断裂

C. 热风管道堵塞　　D. 压缩机不工作

E. 冷凝器堵

12. 若空调系统出现不制热故障，应排除（ ）。

A. 送风系统故障　　B. 水路系统故障

C. 加热系统故障　　D. 蒸发器故障

E. 冷凝器故障

13. 引起空调系统不出风的原因是（　　）。

A. 风机开关损坏　　B. 风机电刷损坏

C. 连接线路断路　　D. 熔丝烧断

E. 压缩机不工作

14. 引起空调系统不出风的原因是（　　）。

A. 风机电阻器接触不良　　B. 风机固定不牢

C. 连接线路断路　　D. 熔丝烧断

E. 压缩机不工作

15. 压缩机阀板组常见故障有（　　）。

A. 阀片、阀座处积炭　　B. 阀片或阀线损坏

C. 高、低压隔腔垫片损坏　　D. 外壳破损

E. 离合器坏

16. 空调系统故障包括（　　）。

A. 暖风系统故障　　B. 制冷系统故障

C. 润滑系统故障　　D. 通风系统故障

E. 压力系统故障

第4部分

操作技能复习题

汽车维修质量检验

一、发动机维修质量检验（试题代码[①]：1.1.2；考核时间：15 min）

1. 试题单

（1）操作条件

1）整车（乘用车）。

2）组套工具。

3）满足本考位考核要求的其他必要配置。

（2）操作内容

1）对发动机进行大修后的维修质量检验。

2）完成维修质量检验记录。

（3）操作要求

1）按规范操作，要求检验项目齐全，检验操作步骤和方法正确。

2）正确使用维修工具和测量工具，符合安全操作要求。

3）在答题卷上完成维修质量检验单的填写工作

① 试题代码表示该试题在操作技能考核方案表格中的所属位置。左起第一位表示项目号，第二位表示单元号，第三位表示在该项目、单元下的第几个试题。

①根据检查结果在“检查项目—检查结果选项”对应栏目内打“√”，并写出具体故障部位。

②凡使用设备和仪器进行测量的，必须填写测量数据。

(4) 操作完毕将设备和工具复位。

2. 答题卷

试题	检查项目	检查结果选项	检查结果
发动机维修质量检验	发动机机油	机油液位正常	
		机油液位偏低	
		机油液位偏高	
	冷却液	冷却液液位正常	
		冷却液液位偏高	
		冷却液液位偏低	
	电瓶连接	桩头连接松动	
		电瓶安装松动	
		正常	
	油、气、水管路接头与安装情况	油、气、水管路接头正常	
		油、气、水管路接头松动、有渗漏	
	汽滤、空滤、机滤	汽滤、空滤、机滤正常、无缺损	
		汽滤、空滤、机滤有缺损	
	发动机起动情况	起动正常	
		起动困难	
		无法起动	
	发动机运转情况	运转正常	
		怠速运转不稳定	
		排气管冒黑烟	
		加速无力	
	发动机异响情况	无异响	
		活塞敲缸响	
		曲轴主轴承响	
		连杆轴承响	
		进气管道有漏气声	

续表

试题	检查项目	检查结果选项	检查结果
发动机维修质量检验	各仪表指示值	全部正常	
		机油压力警告灯不正常	
		水温表不正常	
		发动机转速表不正常	
		充电指示灯不正常	
		发动机故障灯不正常	
		制动警告灯不正常	
		ABS 警告灯不正常	
修理意见		（　）调整　　（　）更换	（　）修理

3. 评分表

试题代码及名称		1.1.2　发动机维修质量检验			考核时间		15 min			
评价要素		配分	等级	评分细则	评定等级					得分
					A	B	C	D	E	
1	进行维修质量检验	10	A	步骤和方法正确，检查项目正确，符合规范要求						
			B	步骤和方法正确，检查项目错一项或有不符合规范的操作						
			C	步骤和方法错 1～2 项，或检查项目错两项						
			D	步骤和方法错两项以上，或检查项目错两项以上						
			E	未答题						
2	检查结果（检查记录表）	15	A	全部正确						
			B	错误一处						
			C	错误两处						
			D	错误三处及以上						
			E	未答题						
合计配分		25		合计得分						

等级	A（优）	B（良）	C（及格）	D（较差）	E（差或未答题）
比值	1.0	0.8	0.6	0.2	0

“评价要素”得分＝配分×等级比值。

二、转向和制动系统维修质量检验（试题代码：1.1.3；考核时间：15 min）

1. 试题单

（1）操作条件

1）整车（乘用车）。

2）组套工具。

3）满足本考位考核要求的其他必要配置。

（2）操作内容

1）对转向和制动系统进行大修后的维修质量检验。

2）完成维修质量检验记录。

（3）操作要求

1）按规范操作，要求检验项目齐全，检验操作步骤和方法正确。

2）正确使用维修工具和测量工具，符合安全操作要求。

3）在答题卷上完成维修质量检验单的填写工作

①根据检查结果在“检查项目—检查结果选项”对应栏目内打“√”，并写出具体故障部位。

②凡使用设备和仪器进行测量的，必须填写测量数据。

（4）操作完毕将设备和工具复位。

2. 答题卷

试题	检查项目	检查结果选项	检查结果
转向和制动系统维修质量检验	转向盘自由行程	转向盘松动，自由行程不正常	
		正常	
	转向系统各部件和连接管路	转向系统油泵漏油	
		转向器漏油	
		连接管路漏油	
		横拉杆连接螺栓松动	
		转向器固定螺栓松动	
		正常	

续表

试题	检查项目	检查结果选项	检查结果
转向和制动系统维修质量检验	制动液和转向液	制动液和转向液液位正常	
		制动液和转向液液位偏高	
		制动液和转向液液位偏低	
	制动踏板自由行程	制动踏板自由行程过大	
		制动踏板自由行程过小	
		正常	
	制动系统各部件和连接管路	制动系统总泵漏油	
		制动系统分泵漏油	
		制动系统连接管路漏油	
		正常	
	驻车制动装置	驻车制动装置调整过松	
		驻车制动装置调整过紧	
		正常	
修理意见		（　）调整　　（　）更换	（　）修理

3. 评分表

同试题 1.1.2。

三、传动和行驶系统维修质量检验（试题代码：1.1.4；考核时间：15 min）

1. 试题单

（1）操作条件

1）整车（乘用车）。

2）组套工具。

3）满足本考位考核要求的其他必要配置。

（2）操作内容

1）对传动和行驶系统进行大修后的维修质量检验。

2）完成维修质量检验记录。

（3）操作要求

1）应按规范采取正确的检验步骤和方法，检验项目无遗漏。

2）正确使用维修工具和测量工具，符合安全操作要求。

3）在答题卷上完成维修质量检验单的填写工作

①根据检查结果在“检查项目—检查结果选项”对应栏目内打“√”，并写出具体故障部位。

②凡使用设备和仪器进行测量的，必须填写测量数据。

（4）操作完毕将设备和工具复位。

2. 答题卷

试题	检查项目	检查结果选项	检查结果
传动和行驶系统维修质量检验	离合器踏板自由行程	离合器踏板自由行程过大	
		离合器踏板自由行程过小	
		正常	
	传动系统各连接部件	传动轴螺栓松动	
		球笼防尘罩破损	
		正常	
	悬架和减振器	减振器螺栓松动	
		稳定杆螺栓松动	
		悬架上支撑螺栓松动	
		减振器漏油	
		正常	
	轮胎	左前轮磨损严重	
		右前轮磨损严重	
		左后轮磨损严重	
		右后轮磨损严重	
		左前轮气压不正常	
		右前轮气压不正常	
		左后轮气压不正常	
		右后轮气压不正常	
		左前轮轮胎螺栓缺损、松动	
		右前轮轮胎螺栓缺损、松动	
		左后轮轮胎螺栓缺损、松动	
		右后轮轮胎螺栓缺损、松动	
修理意见		（　）调整　　（　）更换	（　）修理

3. 评分表

同试题 1.1.2。

四、电气系统维修质量检验（试题代码：1.1.5；考核时间：15 min）

1. 试题单

（1）操作条件

1）整车（乘用车）。

2）组套工具。

3）满足本考位考核要求的其他必要配置。

（2）操作内容

1）对电气系统进行大修后的维修质量检验。

2）完成维修质量检验记录。

（3）操作要求

1）应按规范采取正确的检验步骤和方法，检验项目无遗漏。

2）正确使用维修工具和测量工具，符合安全操作要求。

3）在答题卷上完成维修质量检验单的填写工作

①根据检查结果在“检查项目—检查结果选项”对应栏目内打“√”，并写出具体故障部位。

②凡使用设备和仪器进行测量的，必须填写测量数据。

（4）操作完毕将设备和工具复位。

2. 答题卷

试题	检查项目	检查结果选项	检查结果
电气系统维修质量检验	蓄电池	蓄电池亏电	
		蓄电池脏污	
		蓄电池支架松动	
		蓄电池桩头松动	
		正常	

续表

试题	检查项目	检查结果选项	检查结果
电气系统维修质量检验	灯光和喇叭	左前照灯不亮	
		左前示宽灯不亮	
		左前转向灯不亮	
		左前雾灯不亮	
		右前照灯不亮	
		右前示廓灯不亮	
		右前转向灯不亮	
		右前雾灯不亮	
		喇叭不响	
		喇叭音量低	
		正常	
	刮水器和喷水器	刮水器不工作	
		刮水器无间歇挡	
		刮水器无慢速挡	
		刮水器无高速挡	
		喷水器不工作	
		正常	
	空调和音响	空调不制冷	
		空调制冷量不足	
		空调系统不出风	
		音响系统不工作	
		正常	
	起动机和发电机	起动机不工作	
		起动机运转无力	
		发电机不发电	
		发电机发电不正常	
		正常	
修理意见		（　）调整　　（　）更换　　（　）修理	

3. 评分表

同试题 1.1.2。

五、检测四轮定位（试题代码：1.1.6；考核时间：15 min）

1. 试题单

（1）操作条件

1）整车（乘用车）。

2）四轮定位仪（常用规格）。

3）组套工具。

4）满足本考位考核要求的其他必要配置。

（2）操作内容

1）安装四轮定位仪，校正水平零位。

2）测量四轮定位各参数的数据。

3）完成测量记录，提出修理意见并进行调整。

（3）操作要求

1）按规范安装四轮定位仪各检测部件，要求操作步骤和方法正确。

2）将四轮定位仪各传感器校正至水平零位。

3）按规范操作四轮定位仪进行测量。

4）在答题卷上完整填写测量单，并将测量数据及修理意见填写清楚。

5）对车辆进行正确的调整，使不合格参数恢复正常。

6）操作完毕将设备和工具复位。

2. 答题卷

栏目	检查内容	测量数据
检测与测量	前轮外倾	
	前轮前束	
	主销后倾	
	主销内倾	
	后轮外倾	
	后轮前束	

续表

结论及修理意见	（ ）前轮外倾角过大，进行调整 （ ）前轮外倾角过小，进行调整 （ ）前轮前束过大，进行调整 （ ）前轮前束过小，进行调整 （ ）主销后倾角过大，更换转向节 （ ）主销后倾角过小，更换转向节 （ ）主销内倾角过大，更换转向节 （ ）主销内倾角过小，更换转向节 （ ）后轮外倾角过大，进行调整 （ ）后轮外倾角过小，进行调整 （ ）后轮前束过大，进行调整 （ ）后轮前束过小，进行调整

说明：1. 检测与测量各项目需填写具体测量数据。

2. 根据测量数据，在“结论及修理意见”栏内选择相应的结论及修理意见（打“√”）。

3. 考生必须根据修理意见实施修理操作。

3. 评分表

试题代码及名称		1.1.6 检测四轮定位			考核时间		15 min			
评价要素		配分	等级	评分细则	评定等级					得分
					A	B	C	D	E	
1	安装及调试四轮定位仪，校正水平零位	5	A	安装过程项目无遗漏，步骤和方法正确						
			B	遗漏一个项目，步骤和方法基本正确						
			C	遗漏两个项目，能基本完成安装和校正						
			D	遗漏三个项目及以上，不能完成安装和校正						
			E	未操作						
2	测量四轮定位各参数的数据	10	A	测量项目无遗漏，步骤和方法正确						
			B	遗漏一个项目，步骤和方法基本正确						
			C	遗漏两个项目，能基本完成测量						
			D	遗漏三个项目及以上，不能完成测量						
			E	未操作						

续表

试题代码及名称		1.1.6　检测四轮定位			考核时间		15 min			
评价要素		配分	等级	评分细则	评定等级					得分
					A	B	C	D	E	
3	填写测量单，提出修理意见并调整	10	A	测量单填写无遗漏，提出的修理意见正确，并进行正确调整						
			B	测量单填写遗漏一项，提出的修理意见基本正确，会调整						
			C	测量单填写遗漏两项，提出的修理意见基本正确，会调整						
			D	测量单填写遗漏三项及以上，无法提出修理意见，不会调整						
			E	未填写						
合计配分		25		合计得分						

等级	A（优）	B（良）	C（及格）	D（较差）	E（差或未答题）
比值	1.0	0.8	0.6	0.2	0

“评价要素”得分＝配分×等级比值。

电控系统常见故障诊断

一、电控发动机常见故障诊断（试题代码：2.1.1；考核时间：15 min）

1. 试题单

（1）操作条件

1）电控发动机实物故障模拟台架（乘用车）。

2）诊断仪、万用表（常用规格）。

3）组套工具。

4）满足本考位考核要求的其他必要配置。

（2）操作内容

1）运行发动机台架。

2）判断故障现象。

3）使用诊断仪读取故障码。

4）使用万用表检测故障。

5）判断故障部位。

6）排除故障并清除故障码。

7）根据操作结果记录故障现象、故障部位及排除故障的方法。

（3）操作要求

1）所有操作应按规范采取正确的操作步骤和方法，检测项目无遗漏。

2）正确使用维修工具和测量工具，符合安全操作要求。

3）在答题卷上完成故障现象、故障部位（写出具体故障部位）以及排除故障方法的记录。

4）排除故障不需实际操作，提出排除方法即可。

5）操作完毕将设备和工具复位。

备注：发动机故障点共 11 个（考试时随机设置 1 个），包括曲轴位置传感器线路故障、凸轮轴位置传感器线路故障、空气流量计信号线路故障、空气流量计电源线路故障、节气门位置传感器线路故障、1 缸喷油器线路故障、2 缸喷油器线路故障、3 缸喷油器线路故障、4 缸喷油器线路故障、1 缸和 4 缸点火线圈线路故障、2 缸和 3 缸点火线圈线路故障。

2. 答题卷

项目	选项	结论	选项	结论
故障现象	无法起动		燃油系统压力高	
	燃油系统压力低		起动不良	
	起动困难		排放超标	
	发动机怠速不稳		发动机游车	
	发动机喘气		加速不良	
故障部位	曲轴位置传感器损坏		氧传感器损坏	
	曲轴位置传感器线路损坏		氧传感器线路损坏	
	凸轮轴位置传感器损坏		爆震传感器损坏	

续表

项目	选项	结论	选项	结论
故障部位	凸轮轴位置传感器线路损坏		爆震传感器线路损坏	
	进气温度传感器损坏		1缸喷油器线路损坏	
	进气温度传感器线路损坏		2缸喷油器线路损坏	
	水温传感器损坏		3缸喷油器线路损坏	
	水温传感器线路损坏		4缸喷油器线路损坏	
	空气流量计损坏		1缸点火线圈线路损坏	
	空气流量计线路损坏		2缸点火线圈线路损坏	
	节气门位置传感器损坏		3缸点火线圈线路损坏	
	节气门位置传感器线路损坏		4缸点火线圈线路损坏	
排除方法	更换曲轴位置传感器		更换氧传感器	
	修理或更换曲轴位置传感器线束		修理或更换氧传感器	
	更换凸轮轴位置传感器		更换爆震传感器	
	修理或更换凸轮轴位置传感器线束		修理或更换爆震传感器	
	更换进气温度传感器		修理或更换1缸喷油器线束	
	修理或更换进气温度传感器线束		修理或更换2缸喷油器线束	
	更换水温传感器		修理或更换3缸喷油器线束	
	修理或更换水温传感器线束		修理或更换4缸喷油器线束	
	更换空气流量计		修理或更换1缸点火线圈线束	
	修理或更换空气流量计		修理或更换2缸点火线圈线束	
	更换节气门位置传感器		修理或更换3缸点火线圈线束	
	修理或更换节气门位置传感器线束		修理或更换4缸点火线圈线束	

备注：在结论中写出具体故障部位。

3. 评分表

试题代码及名称		2.1.1　电控发动机常见故障诊断			考核时间		15 min			
评价要素		配分	等级	评分细则	评定等级					得分
					A	B	C	D	E	
1	故障诊断操作过程	15	A	正确诊断及排除故障，清除故障代码，操作步骤和方法正确，检查项目齐全						
			B	正确诊断及排除故障，清除故障代码，操作步骤和方法基本正确						
			C	操作步骤和方法有一处及以下错误，检查项目有一处遗漏						
			D	操作步骤和方法有一处以上错误或检查项目有一处以上遗漏						
			E	未操作						
2	判断故障现象、故障部位及排除方法	10	A	全部正确						
			B	—						
			C	故障部位判断正确，其他有误						
			D	故障部位判断错误						
			E	未操作						
合计配分		25	合计得分							

等级	A（优）	B（良）	C（及格）	D（较差）	E（差或未答题）
比值	1.0	0.8	0.6	0.2	0

“评价要素”得分＝配分×等级比值。

二、水温传感器性能检测（试题代码：2.2.2；考核时间：15 min）

1. 试题单

(1) 操作条件

1）水温传感器。

2）加热器。

3）万用表。

4）冷却液。

5）满足本考位考核要求的其他必要配置。

（2）操作内容

1）检测水温传感器工作电压。

2）检测水温传感器在不同温度下的输出电压。

3）判断传感器工作性能。

4）填写传感器性能检测单。

（3）操作要求

1）按规范操作检测设备，采取正确的步骤及方法。

2）按规范操作万用表进行检测，采取正确的步骤及方法。

3）在答题卷上完成传感器性能检测单的填写工作。

4）操作完毕将设备和工具复位。

5）考生务必在答题卷上勾选抽取到的传感器编号。

2. 答题卷

<table>
<tr><th>序号</th><th colspan="2">检验内容</th><th colspan="6">检验结果</th></tr>
<tr><td>1</td><td colspan="2">传感器编号</td><td>①（ ）</td><td>②（ ）</td><td>③（ ）</td><td>④（ ）</td><td>⑤（ ）</td><td>⑥（ ）</td></tr>
<tr><td>2</td><td colspan="2">传感器工作电压（V）</td><td colspan="6"></td></tr>
<tr><td>3</td><td colspan="2">温度（℃）</td><td>40</td><td>50</td><td>60</td><td>70</td><td>80</td><td>90</td></tr>
<tr><td rowspan="2">4</td><td rowspan="2">电阻</td><td>标准值（Ω）</td><td></td><td></td><td></td><td></td><td></td><td></td></tr>
<tr><td>实测值（Ω）</td><td></td><td></td><td></td><td></td><td></td><td></td></tr>
<tr><td>5</td><td colspan="2">传感器性能</td><td colspan="6">（ ）良好
（ ）有故障</td></tr>
</table>

3. 评分表

<table>
<tr><td colspan="2">试题代码及名称</td><td colspan="3">2.2.2　水温传感器性能检测</td><td colspan="3">考核时间</td><td colspan="3">15 min</td></tr>
<tr><td colspan="2" rowspan="2">评价要素</td><td rowspan="2">配分</td><td rowspan="2">等级</td><td rowspan="2">评分细则</td><td colspan="5">评定等级</td><td rowspan="2">得分</td></tr>
<tr><td>A</td><td>B</td><td>C</td><td>D</td><td>E</td></tr>
<tr><td rowspan="3">1</td><td rowspan="3">性能检测操作过程</td><td rowspan="3">15</td><td>A</td><td>操作步骤和方法正确，检查项目齐全，操作非常熟练</td><td rowspan="3"></td><td rowspan="3"></td><td rowspan="3"></td><td rowspan="3"></td><td rowspan="3"></td><td rowspan="3"></td></tr>
<tr><td>B</td><td>操作步骤和方法正确，检查项目有一处遗漏</td></tr>
<tr><td>C</td><td>操作步骤和方法有一处及以下错误，检查项目有一处遗漏</td></tr>
</table>

续表

试题代码及名称			2.2.2　水温传感器性能检测		考核时间			15 min		
评价要素		配分	等级	评分细则	评定等级					得分
					A	B	C	D	E	
1	性能检测操作过程		D	操作步骤和方法有一处以上错误或检查项目有一处以上遗漏						
			E	未操作						
2	填写性能检测单	10	A	项目填写全部正确						
			B	填写内容有一处错误						
			C	填写内容有两处错误						
			D	填写内容有三处及以上错误						
			E	未答题						
合计配分		25	合计得分							

等级	A（优）	B（良）	C（及格）	D（较差）	E（差或未答题）
比值	1.0	0.8	0.6	0.2	0

“评价要素”得分＝配分×等级比值。

三、节气门位置传感器性能检测与故障诊断（试题代码：2.2.3；考核时间：15 min）

1. 试题单

（1）操作条件

1）节气门位置传感器。

2）稳压电源。

3）万用表。

4）满足本考位考核要求的其他必要配置。

（2）操作内容

1）检测节气门关闭、全开时的输出电压和电源与接地端之间的电阻。

2）检测节气门位置传感器在不同开度下的输出端与接地端之间的电阻。

3）判断传感器工作性能。

4）填写传感器性能检测单。

(3) 操作要求

1）按规范操作检测设备，采取正确的步骤及方法。

2）按规范操作万用表进行检测，采取正确的步骤及方法。

3）在答题卷上完成传感器性能检测单的填写工作。

4）操作完毕将设备和工具复位。

5）考生务必在答题卷上勾选抽取到的传感器编号。

2. 答题卷

序号	检验内容		检验结果				
1	传感器编号		①（ ） ②（ ） ③（ ） ④（ ） ⑤（ ） ⑥（ ）				
2	节气门关闭时的输出电压	标准值（V）					
		实测值（V）					
3	节气门全开时的输出电压	标准值（V）					
		实测值（V）					
4	电源与接地端之间的电阻	标准值（Ω）					
		实测值（Ω）					
5	节气门开度（%）		0	25	50	75	100
6	输出端与接地端之间的电阻	标准值（Ω）					
		实测值（Ω）					
7	传感器性能		（ ）良好 （ ）有故障				

3. 评分表

同试题 2.2.2。

四、进气歧管绝对压力传感器性能检测与故障诊断（试题代码：2.2.4；考核时间：15 min）

1. 试题单

(1) 操作条件

1）进气歧管绝对压力传感器。

2）稳压电源。

3）万用表。

4）真空枪。

5）满足本考位考核要求的其他必要配置。

（2）操作内容

1）检测传感器工作电压。

2）检测传感器在不同真空度下的输出电压。

3）判断传感器工作性能。

4）填写传感器性能检测单。

（3）操作要求

1）按规范操作检测设备，采取正确的步骤及方法。

2）按规范操作万用表进行检测，采取正确的步骤及方法。

3）在答题卷上完成传感器性能检测单的填写工作。

4）操作完毕将设备和工具复位。

5）考生务必在答题卷上勾选抽取到的传感器编号。

2. 答题卷

序号	检验内容		检验结果					
1	传感器编号		①（ ）	②（ ）	③（ ）	④（ ）	⑤（ ）	⑥（ ）
2	传感器的工作电压（V）							
3	真空度（kPa）		0	20	40	60	80	
4	输出电压	标准值（V）						
		实测值（V）						
5	传感器性能		（ ）良好 （ ）有故障					

3. 评分表

同试题2.2.2。

五、继电器性能检测与故障诊断（试题代码：2.2.5；考核时间：15 min）

1. 试题单

（1）操作条件

1）继电器。

2）稳压电源。

3）万用表。

4）满足本考位考核要求的其他必要配置。

（2）操作内容

1）判断继电器类型、线圈端子编号。

2）检测继电器线圈直流电阻和触点接触电阻。

3）检测最低吸合电压和最高释放电压。

4）判断继电器工作性能。

5）填写继电器性能检测单。

（3）操作要求

1）按规范操作检测设备，采取正确的步骤及方法。

2）按规范操作万用表进行检测，采取正确的步骤及方法。

3）在答题卷上完成继电器性能检测单的填写工作。

4）操作完毕将设备和工具复位。

5）考生务必在答题卷上勾选抽取到的继电器编号。

2. 答题卷

继电器编号	①（ ）	②（ ）	③（ ）	④（ ）	⑤（ ）	⑥（ ）
类型	线圈接线端子编号	线圈电阻（Ω）	最低吸合电压（V）	最高释放电压（V）	触点接触电阻（Ω）	工作性能
（ ）普通式 （ ）电阻保护式 （ ）二极管保护式						（ ）良好 （ ）有故障

3. 评分表

同试题 2.2.2。

手动空调和底盘系统故障诊断

一、手动空调系统常见故障诊断（试题代码：3.1.1；考核时间：15 min）

1. 试题单

（1）操作条件

1）手动空调台架。

2）空调压力表。

3）万用表。

4）满足本考位考核要求的其他必要配置。

（2）操作内容

1）运行手动空调台架。

2）判断故障现象。

3）使用空调压力表读取高、低压力值。

4）使用万用表检测故障。

5）判断故障部位。

6）排除故障。

7）根据操作结果记录故障现象、故障部位及排除故障的方法。

（3）操作要求

1）所有操作应按规范采取正确的操作步骤和方法，检测项目无遗漏。

2）正确使用维修工具和测量工具，符合安全操作要求。

3）在答题卷上完成故障现象、故障部位（写出具体故障部位）以及排除故障方法的记录。

4）排除故障不需实际操作，提出排除方法即可。

5）操作完毕将设备和工具复位。

2. 答题卷

项目	选项	结论	选项	结论
故障现象	空调系统不制冷		开空调，散热风扇高速运转	
	鼓风机不转		开空调，散热风扇不运转	
	出风口出热风		空调压缩机不工作	
故障部位	鼓风机调速电阻线路故障		鼓风机调速电阻故障	
	低压开关线路故障		低压开关故障	
	高压开关线路故障		高压开关故障	
	低速风扇线路故障		低速风扇电动机故障	
	A/C 开关线路故障		A/C 开关故障	
	蒸发箱温控开关线路故障		蒸发箱温控开关故障	
	环境温度开关线路故障		环境温度开关故障	
	压缩机衔铁开关线路故障		压缩机衔铁开关故障	
排除方法	修理或更换鼓风机调速电阻线路		更换鼓风机调速电阻	
	修理或更换低压开关线路		更换低压开关	
	修理或更换高压开关线路		更换高压开关	
	修理或更换低速风扇线路		更换低速风扇电动机	
	修理或更换 A/C 开关线路		更换 A/C 开关	
	修理或更换蒸发箱温控开关线路		更换蒸发箱温控开关	
	修理或更换环境温度开关线路		更换环境温度开关	
	修理或更换压缩机衔铁开关线路		更换压缩机衔铁开关	

备注：在结论中写出具体故障部位。

3. 评分表

试题代码及名称		3.1.1 手动空调系统常见故障诊断			考核时间				15 min	
评价要素		配分	等级	评分细则	评定等级					得分
					A	B	C	D	E	
1	故障诊断操作过程	15	A	操作步骤和方法正确，检查项目齐全，操作非常熟练						
			B	操作步骤和方法正确，检查项目有一处遗漏						
			C	操作步骤和方法有一处及以下错误，检查项目有一处遗漏						

续表

试题代码及名称		3.1.1　手动空调系统常见故障诊断							考核时间	15 min
评价要素		配分	等级	评分细则	评定等级					得分
					A	B	C	D	E	
1	故障诊断操作过程		D	操作步骤和方法有一处以上错误或检查项目有一处以上遗漏						
			E	未操作						
2	判断故障现象、故障部位及排除方法	10	A	全部正确						
			B	—						
			C	故障部位判断正确，其他有误						
			D	故障部位判断错误						
			E	未操作						
合计配分		25	合计得分							

等级	A（优）	B（良）	C（及格）	D（较差）	E（差或未答题）
比值	1.0	0.8	0.6	0.2	0

“评价要素”得分＝配分×等级比值。

二、自动变速器机械部分拆检（试题代码：3.2.1；考核时间：15 min）

1. 试题单

（1）操作条件

1）一套完整自动变速器机械部分实物部件（有两个缺陷部件）。

2）待更换的工作性能良好的部件。

3）组套工具。

4）满足本考位考核要求的其他必要配置。

（2）操作内容

1）检修自动变速器机械部分各部件，更换缺陷部件。

2）组装自动变速器机械部分。

3）对照实物叙述传动路线。

4）分解自动变速器机械部分。

（3）操作要求

1）按规范操作，采取正确的步骤和方法，并符合安全操作要求。

2）检修过程中，要求对各部件有无变形、开裂、磨损等情况进行检测，并进行相应更换。

3）自动变速器机械部分组装后应完整，无多余部件。

4）完整叙述传动路线。

5）操作完毕将设备和工具复位。

2. 评分表

试题代码及名称		3.2.1 自动变速器机械部分拆检			考核时间		15 min		
评价要素	配分	等级	评分细则	评定等级					得分
				A	B	C	D	E	
1 检修及更换缺陷部件	10	A	检修及更换正确，操作过程正确						
		B	检修及更换正确，操作过程有一处错误或遗漏						
		C	检修及更换有一处错误						
		D	检修及更换有一处以上错误						
		E	未操作						
2 组装和叙述传动路线	10	A	操作步骤、方法和传动路线的叙述完全正确						
		B	操作步骤和方法有一处及以下错误，传动路线叙述有一处及以下错误						
		C	操作步骤和方法有一处及以上错误，传动路线叙述有一处及以上错误						
		D	不会组装或操作过程有两处及以上错误，传动路线叙述有两处及以上错误						
		E	未操作						
3 分解	5	A	分解完成，操作步骤和方法正确						
		B	分解完成，操作过程有一处错误						
		C	分解完成，操作过程有两处错误						
		D	未完成分解						
		E	未操作						
合计配分	25		合计得分						

等级	A（优）	B（良）	C（及格）	D（较差）	E（差或未答题）
比值	1.0	0.8	0.6	0.2	0

"评价要素"得分＝配分×等级比值。

第 5 部分

理论知识考试模拟试卷及答案

汽车维修工（三级）理论知识试卷

注 意 事 项

1. 考试时间：90 min。
2. 请首先按要求在试卷的标封处填写您的姓名、准考证号和所在单位的名称。
3. 请仔细阅读各种题目的回答要求，在规定的位置填写您的答案。
4. 不要在试卷上乱写乱画，不要在标封区填写无关的内容。

	一	二	三	总分
得分				

得分	
评分人	

一、判断题（第 1 题～第 40 题。将判断结果填入括号中。正确的填“√”，错误的填“×”。每题 0.5 分，满分 20 分）

1. 职业道德修养是指从事各种职业活动的人员，按照职业道德基本原则和规范，在职业活动中所进行的自我教育、自我改造、自我完善，使自己形成良好的职业道德品质并达到一定的职业道德境界。（ ）

2. 电动势是表示非静电力把单位正电荷从负极经电源内部移到正极所做的功。（　）

3. 通过一根导线将电阻连接在一起的方法称为串联连接。（　）

4. 半导体分为 P 型、N 型和 H 型。（　）

5. 晶体管的作用就是开关作用。（　）

6. 高分子材料是指以高分子化合物为主要原料组成的材料。（　）

7. 柴油的燃烧性是由辛烷值来评定的。（　）

8. 车辆齿轮油适用于变速器、主减速器等传动机构机件摩擦处的润滑。（　）

9. 发动机的振动是由往复运动的惯性力和离心力所引起的。（　）

10. 柴油燃油系由燃油箱、滤清器、输油泵、喷油泵、喷油器和排气管等组成。（　）

11. 汽车传动系由离合器、变速器、传动轴、万向传动装置、主减速器、差速器和半轴组成。（　）

12. 万向传动装置一般由万向节和传动轴组成。（　）

13. 汽车行驶系可以使汽车按不同的方向行驶。（　）

14. 转向操纵机构由转向盘、转向轴、转向管柱等组成。（　）

15. 制动系保证汽车能在安全条件下发挥出高速行驶的性能。（　）

16. 调压阀的作用是调节储气筒中压缩空气的压力。（　）

17. 电解液是由水组成的。（　）

18. 目前车辆上使用直流发动机。（　）

19. 照明系统是由照明灯组成的。（　）

20. 电控发动机空气供给系统主要由空气滤清器、空气流量计、节气门体、怠速控制阀和进气管道等组成。（　）

21. 怠速控制可以减少污染物的排放。（　）

22. 自诊断系统只在有故障产生时工作。（　）

23. 电子控制自动变速器中的液压控制系统主要控制换挡传递机构的工作。（　）

24. 车轮防抱死制动系统由传统的普通制动系统和防止车轮抱死的电子控制系统组成。（　）

25. 使用汽车四轮定位仪时，车辆必须平整，不能歪斜。（　）

26. 汽车空调需定期检查和调整，以维持其最佳工作状态。（ ）

27. 储液干燥瓶主要由干燥剂、引出管、过滤器、易熔塞、视液镜、进口、出口等组成。（ ）

28. 暖水箱也是一种热交换器。（ ）

29. 测得的汽缸压力如超过原设计规定，并不一定是汽缸密封性好，要结合使用和维修情况进行分析。这种情况有可能是由于燃烧室内积炭过多、汽缸衬垫过薄、缸体与缸盖接合平面经多次修理超过磨损极限而造成的。（ ）

30. 凸轮轴轴颈的圆度、圆柱度误差不得大于 0.050 mm，若超限可修磨恢复或进行更换。（ ）

31. 检查晶体管点火系统高压回路部件分火头电阻时，其电阻值应为（1±0.4）kΩ。（ ）

32. 柴油机输油泵工作性能的检验主要包括密封性试验、吸油能力、输油量、输油压力等内容。（ ）

33. 桑塔纳汽车变速器同步器滑块磨损严重、滑块弹簧弹力减弱或折断、键齿磨损使结合套与花键毂键齿的配合间隙超过 0.50 mm 时，应更换新件。（ ）

34. 影响汽车行驶安全的转向系、制动系和行驶系的关键零部件不得使用修复件。（ ）

35. 手动变速器换挡时应轻便，准确可靠，无异响，正常工况下不得过热。（ ）

36. 在用车前照灯远光光束发光强度的检验标准是：两灯制为 15 000 cd、四灯制为 12 000 cd。（ ）

37. 乘用车应具有连续发声功能的喇叭，其工作应可靠。喇叭声级在距车前 2 m、离地高 1.2 m 处测量时，应为 90～115 dB。（ ）

38. 怠速不稳的特征是怠速时发动机抖动，发动机转速表上下快速抖动。（ ）

39. 发动机动力不足与进、排气系统有关。（ ）

40. 换挡杆从 P 挡或者 N 挡换入 D 挡时怠速应升高。（ ）

得分	
评分人	

二、单项选择题（第 1 题～第 120 题。选择一个正确的答案，将相应的字母填入题内的括号中。每题 0.5 分，满分 60 分）

1. 不符合服务理念定义的是（　　）。

A. 挑选喜欢的客户　　B. 保证商品种类繁多

C. 保证充足的商品补给　　D. 将店址选择在交通便利的地段

2. 职业道德素质的提高一方面靠他律；另一方面就取决于自己的主观努力，即（　　）。

A. 社会的培养　　B. 组织的教育　　C. 自我修养　　D. 学校教育

3. 电流的符号为（　　）。

A. R　　B. I　　C. U　　D. P

4. 电动势的单位是（　　）。

A. 伏特　　B. 瓦特　　C. 安培　　D. 欧姆

5. 引起电磁场的原因是（　　）。

A. 由变速运动的带电粒子引起　　B. 由不变的电压引起

C. 由不变的电流引起　　D. 由较大的电阻引起的

6. 电路中能提供电能的称为（　　）。

A. 耗能元件　　B. 储能元件　　C. 无源元件　　D. 电源

7. 在并联连接回路中，总的电流等于各电阻的（　　）。

A. 电流之和　　B. 电流之积　　C. 电流平均值　　D. 电流均方根值

8. 半导体的导电性能（　　）。

A. 比导体好　　B. 比绝缘体差

C. 介于导体和绝缘体之间　　D. 接近金属导体

9. P 型半导体带有很多（　　）。

A. 带正电量的空穴　　B. 带负电量的空穴

C. 带正电量的自由电子　　D. 带负电量的自由电子

10. 全波整流使用（　　）个二极管。

A. 1　　B. 2　　C. 3　　D. 4

11. 对 NPN 型晶体管，如果在集电极和发射极施加电压，其中集电极为正电压，那么发射极内的自由电子（　　）。

A. 朝基极侧移动　　B. 朝集电极侧移动

C. 不动　　D. 在发射极处无序运动

12. 黑色金属是指（　　）材料。

A. 铝　　B. 钢铁　　C. 铜　　D. 镁

13. 铸钢的牌号由（　　）和两组数字组成。

A. ZL　　B. ZG　　C. Mn　　D. CA

14. 高分子材料主要有（　　）。

A. 塑料　　B. 合成纤维　　C. 胶黏剂　　D. 以上选项都是

15. 汽油在使用性能上要求具有良好的蒸发性、化学安定性、耐腐蚀性、清洁性和（　　）。

A. 低温流动性　　B. 抗爆性　　C. 抗压性　　D. 抗热性

16. 气温高的地方应选用（　　）柴油。

A. 高辛烷值　　B. 高凝点　　C. 低辛烷值　　D. 低凝点

17. 不是按照 API 等级分类的润滑油是（　　）。

A. SF　　B. SC　　C. 5W/20　　D. SD

18. （　　）不是柴油机润滑油的作用。

A. 密封　　B. 冷却　　C. 提高抗爆性　　D. 润滑

19. 车辆齿轮油的主要性能有热氧化安定性、腐蚀性、极压抗磨性、储存安定性和（　　）。

A. 低温流动性　　B. 抗热性　　C. 抗压性　　D. 抗泡性

20. 国外汽车制动液典型规格有美国联邦机动车辆安全标准、美国汽车工程师协会标准和（　　）。

A. 国际标准化组织标准　　B. 美国材料实验学会标准

C. 美国石油学会标准　　D. 美国国家标准学会标准

21. 某发动机活塞行程为 80 mm，其曲轴的旋转半径应为（　　）mm。

A. 20　　B. 40　　C. 80　　D. 160

22. 发动机由配气机构、点火系、润滑系、供给系、起动系、冷却系和（　　）等组成。

A. 曲柄连杆机构　　B. 传动系

C. 转向系　　D. 曲轴飞轮组

23. 配气机构由（　　）和气门组组成。

A. 推杆组　　B. 摇臂组　　C. 气门传动组　　D. 挺杆组

24. 柴油机燃料供给系由燃油箱、输油泵、滤清器、（　　）、喷油器和油管等组成。

A. 喷油泵　　B. 进气管　　C. 燃烧室　　D. 排气管

25. 冷却系除了能满足发动机在最大热负荷情况下的冷却外，还能（　　）。

A. 对冷却强度进行调节　　B. 增强动力性

C. 提高经济性　　D. 参与发动机的功能转换

26. （　　）不是润滑油具有的作用。

A. 防锈　　B. 抗冻　　C. 密封　　D. 清洁

27. 离合器主动部分由飞轮、压盘和（　　）组成。

A. 收缩弹簧　　B. 定位销　　C. 膜片　　D. 离合器盖

28. 手动变速器通常由变速器操纵机构和（　　）构成。

A. 变速传动机构　　B. 齿轮副

C. 换挡拨叉机构　　D. 定位锁止装置

29. 万向传动装置除连接变速器与驱动桥外，还应用于（　　）。

A. 离合器与变速器之间　　B. 转向桥中

C. 驱动桥与车轮之间　　D. 转向操纵系统中

30. 主减速器的作用有（　　）。

A. 增大功率　　B. 改变转矩旋转方向

C. 增大转速　　D. 减少排放

31. 轮式汽车行驶系一般由车架、车桥、（　　）和悬架等组成。

A. 车轮　　B. 转向节臂　　C. 半轴　　D. 转向横拉杆

32. 转向驱动桥有转向桥和（　　）的作用。

A. 驱动桥　　B. 行驶桥　　C. 缓冲及减振　　D. 制动

33. 减振器具有（　　）的作用。

A. 连接车身和车轮，并起到牢固支撑的作用

B. 缓和行驶中车辆受到的冲击力

C. 衰减振动

D. 稳定行驶状态

34. 转向系一般由转向操纵装置和（　　）组成。

A. 转向器　　B. 转向传动轴　　C. 转向传动机构　　D. 转向盘

35. （　　）转向器特别适于与麦弗逊式悬架配合。

A. 齿轮齿条式　　B. 循环球式　　C. 曲柄指销式　　D. 蜗杆滚轮式

36. 按制动能量传输方式不同，制动系还可分为（　　）。

A. 机械式　　B. 液压式　　C. 气压式　　D. 以上选项都是

37. 鼓式制动器的旋转元件为（　　）。

A. 制动鼓　　B. 摩擦片　　C. 制动盘　　D. 制动底板

38. 液压制动总泵由缸体、（　　）、推杆、皮碗、回位弹簧、出油阀和回油阀组成。

A. 分泵　　B. 挺杆　　C. 循环球　　D. 活塞

39. 气压制动系统的制动气压压力由（　　）来控制。

A. 气筒气压　　B. 调压器　　C. 制动控制阀　　D. 制动气室

40. 摩托车使用（　　）V 蓄电池。

A. 6　　B. 12　　C. 24　　D. 36

41. 蓄电池放电时，（　　）。

A. 硫酸浓度降低，电动势下降　　B. 硫酸浓度升高，电动势下降

C. 硫酸浓度降低，电动势升高　　D. 硫酸浓度升高，电动势升高

42. 放电容量的单位是（　　）。

A. 安培秒　B. 安培分　C. 安培小时　D. 安培毫秒

43. 如果电极部位温度过高，达到大约（　）℃，会在发出火花之前提前将混合气体点燃，引起电极熔化和绝缘体破损等。

A. 750　B. 850　C. 950　D. 1 050

44. 在玻璃纤维中渗透（　）可使其电阻均匀。

A. 硼　B. 镁　C. 锰　D. 碳

45. 发电原理是利用了（　）的作用。

A. 磁力线感应　B. 电场感应　C. 磁场感应　D. 电磁感应

46. 在碳刷和换向器的作用下，保证流过的电流与磁场保持（　）。

A. 恒定　B. 随机变化　C. 交变　D. 每 90°变化一次

47. （　）不装在车身后部。

A. 制动灯　B. 照明灯　C. 倒车灯　D. 牌照灯

48. 桑塔纳汽车使用的点火系统是（　）。

A. 光电式　B. 霍尔式　C. 电磁振荡式　D. 磁脉冲式

49. 电控燃油喷射系统由空气供给系统、燃油供给系统和（　）组成。

A. 润滑系统　B. 冷却系统

C. 电子控制系统　D. 配气系统

50. （　）不是空气供给系统的作用。

A. 向发动机提供清洁的空气　B. 测量进气量

C. 控制进气量　D. 计算空燃比

51. 点火系的类型可分为（　）、普通电子点火和全电子点火。

A. 传统电子点火　B. 高压点火

C. 低压点火　D. 晶体管式点火

52. 怠速进气控制方式主要有节气门直动式和（　）。

A. 节气门旁动式　B. 旁通节气门式

C. 旁通油道式　D. 旁通空气道式

53. 排气净化控制系统包括氧传感器的反馈控制、活性炭罐清洗控制、二次空气喷射控制和（　　）等。

A. 点火提前角控制　　B. 废气再循环
C. 闭合角控制　　D. 进气控制

54. 进气控制系统可提高发动机高速时的输出功率，提高低速时的转矩以及（　　）。

A. 减少进气量　　B. 提高发动机充气效率
C. 提高发动机进油量　　D. 提高发动机排放

55. 自诊断系统故障信息的读取可采用外接设备读取和（　　）。

A. 连接显示器读取　　B. 手机读取
C. 就车读取　　D. 自动显示

56. 单排行星齿轮机构由（　　）、齿圈和装有行星齿轮的行星架组成。

A. 太阳轮　　B. 凸缘　　C. 偏心轮　　D. 飞轮

57. 自动变速器电脑主要根据（　　）和车速传感器信息控制换挡电磁阀动作，通过液压控制系统控制行星齿轮机构中的离合器和制动器，实现换挡。

A. 轮速传感器　　B. 进气压力传感器
C. 进气温度传感器　　D. 节气门位置传感器

58. 电子控制自动变速器系统执行元件有 TCC 电磁阀、（　　）和压力控制电磁阀等。

A. 变矩器电磁阀　　B. 油路电磁阀
C. 换挡电磁阀　　D. 离合器电磁阀

59. 时滞过短表示片间和带鼓间隙（　　）或控制油压（　　）。

A. 过大；过高　　B. 过大；过低　　C. 过小；过高　　D. 过小；过低

60. 车轮防抱死制动系统电子控制系统一般由（　　）、ECU、执行器、警告灯组成。

A. 传感器　　B. 调节器　　C. 节温器　　D. 制动鼓

61. ABS 布置形式有四传感器三通道、四传感器二通道、三传感器三通道和（　　）。

A. 四传感器四通道　　B. 四传感器一通道
C. 三传感器四通道　　D. 三传感器二通道

62. 四轮定位包含了后轮定位和（　　）。

A. 右轮定位　　B. 左轮定位　　C. 前轮定位　　D. 转向轮定位

63. 汽车空调系统主要由制冷装置、暖风装置、通风装置、（　　）和空气净化装置组成。

A. 压缩装置　B. 节温装置　C. 温控装置　D. 加湿装置

64. 桑塔纳汽车空调系统中的空调继电器控制（　　）。

A. 风扇的低速旋转　B. 空调电磁离合器吸合

C. 怠速电磁阀供电　D. 内、外循环电磁阀供电

65. 摇板式压缩机与（　　）压缩机结构类似。

A. 叶片式　B. 旋转斜盘式　C. 涡旋式　D. 曲柄连杆式

66. 冷凝器的结构形式一般有管带式、冷凝器水箱一体式和（　　）。

A. 叶片式　B. 管翅式　C. 板翅式　D. 管条式

67. 低压压力保护开关可以检测系统压力，（　　）。

A. 检测泄漏量　B. 检测制冷剂状态

C. 检查制冷剂温度　D. 决定压缩机是否工作

68. 膨胀阀一般有内平衡式膨胀阀、H 型膨胀阀和（　　）。

A. 孔管　B. L 型膨胀阀

C. 外平衡式膨胀阀　D. 膨胀管

69. 蒸发器的结构形式一般有管带式、板翅式和（　　）。

A. 叶片式　B. 管翅式

C. 冷凝器水箱一体式　D. 管条式

70. 空调电磁离合器受压力控制器、压缩机切断继电器、电源开关和（　　）等部件控制。

A. 膨胀阀　B. 水箱　C. 冷凝器　D. 温控器

71. 空调一般可充注气态制冷剂和（　　）。

A. 高压制冷剂　B. 气液混合制冷剂

C. 液态制冷剂　D. 低压制冷剂

72. 汽缸体、汽缸盖变形后，常使汽缸体、汽缸盖接合平面产生（　　），当其平面度误差超过技术标准时，将会引起发动机漏气、漏水、漏油等故障。

A. 偏差　　B. 倾斜　　C. 翘曲　　D. 对称度误差

73. 测得的汽缸压力如超过原设计规定，并不一定是汽缸密封性好，要结合使用和维修情况进行分析。这种情况有可能是由于燃烧室内（　　）、汽缸衬垫过薄、缸体与缸盖接合平面经多次修理超过磨损极限而造成的。

A. 容积增大　　B. 上油　　C. 积炭过多　　D. 锈蚀

74. 汽车修理技术标准规定：连杆在 100 mm 长度上弯曲度值应不大于（　　）mm，扭曲度值应不大于 0.06 mm。超过允许值应进行校正。

A. 0.01　　B. 0.02　　C. 0.03　　D. 0.04

75. 桑塔纳汽车曲轴轴承表面有很高的（　　），维修中不能用任何手工或搪瓦机来加工，只能光磨轴颈来配瓦，主轴瓦与连杆瓦有内径为−0.25，−0.50 和−0.75 mm 三种缩小尺寸配件供应。

A. 粗糙度　　B. 圆度　　C. 平面度　　D. 光洁度

76. 桑塔纳 2000 型 GSi 电动燃油泵在蓄电池电压正常，油泵继电器和油泵熔丝也正常时，接通点火开关，油泵应运转约（　　）s。

A. 2　　B. 10　　C. 15　　D. 20

77. 桑塔纳汽车水泵最大转速为 6 000 r/min 时，进口压力为 0.1 MPa，出口压力为 0.16 MPa，系统压力为（　　）MPa。

A. 0.14　　B. 0.20　　C. 0.25　　D. 0.30

78. 检测机油泵主、被动齿轮啮合间隙时（拆卸前或装配后进行），用塞尺在互成 120°的（　　）进行测量。

A. 一点　　B. 二点　　C. 三点　　D. 四点

79. 电控点火系统的控制内容包括点火提前角控制、（　　）控制和爆震控制三个方面。

A. 初始点火提前角　　B. 基本点火提前角

C. 通电时间　　D. 反馈

80. 起动机性能试验有空载试验和（　　）试验两项。

A. 满载　　B. 驱动　　C. 半制动　　D. 全制动

81. 柴油机喷油泵的试验和调整主要内容是供油时间、供油量和（　　）三个项目。

A. 调速器　　B. 供油准时　　C. 供油顺序　　D. 供油质量

82. 离合器压盘工作表面的平面度误差应不大于 0.20 mm，表面有烧蚀、（　　）或磨损沟槽深度超过 0.5 mm 时应光磨，光磨后的压盘厚度小于极限尺寸时应更换新件。

A. 断裂　　B. 穴蚀　　C. 化学腐蚀　　D. 龟裂

83. 桑塔纳汽车变速器输入轴、输出轴不得有裂纹，各轴颈磨损不大于 0.03 mm，输入轴前端花键磨损不大于（　　）mm。

A. 0.10　　B. 0.15　　C. 0.20　　D. 0.25

84. 良好的减振器在用 400～500 N 的力上下拉动汽车头部时，当撤去作用力后，车身摇动的次数不会超过（　　）次。

A. 3　　B. 5　　C. 7　　D. 9

85. 检测盘式制动器制动钳缸孔和活塞时，如有划痕、缺口、（　　）、被腐蚀和磨损，应视情况更换新件。

A. 穴蚀　　B. 滑移　　C. 塑性变形　　D. 裂纹

86. 影响汽车行驶安全的转向系、（　　）和行驶系的关键零部件不得使用修复件。

A. 润滑系　　B. 冷却系　　C. 制动系　　D. 发动机

87. 起动性能按 GB 18297—2001 中的检验方法进行检验。发动机在正常环境温度和低温 255 K（−18℃）时都能顺利起动。允许起动（　　）次。

A. 3　　B. 4　　C. 5　　D. 6

88. 手动变速器的功用是（　　）。

A. 实现转向　　B. 改变发动机的负荷

C. 实现两侧车轮以不同速度旋转　　D. 改变传动比

89. 传动轴及中间轴轴承应工作正常，无松旷、抖动、（　　）及过热现象。

A. 移动　　B. 响声　　C. 磨损　　D. 异响

90. 车身应符合 GB/T 5336—2005 的规定。车身、保险杠及翼子板左右对称，各对称部位离地面高度差不大于（　　）mm。

A. 10　　B. 15　　C. 20　　D. 25

91. 信号装置检验的规定是：灯光、（　　）、电气设备等及其控制装置应齐全、有效，各元器件性能良好，工作正常，符合原设计要求。

A. 信号　B. 继电器　C. 变电装置　D. 调节器

92. 汽车动力性能指标检验的规定是：台架测试汽车在（　）状态下的驱动轮输出功率应符合 GB/T 18276—2000 的规定。

A. 加速　B. 减速　C. 怠速　D. 额定转矩

93. 机动车在平坦、硬实、干燥和清洁的水泥或沥青道路上行驶，以 10 km/h 的速度在 5 s 之内沿螺旋线从直线行驶过渡到直径为 24 m 的圆周行驶，施加于转向盘外缘的最大切向力应不大于（　）N。

A. 245　B. 285　C. 300　D. 325

94. 发动机不能起动，若无高压火，需要检测曲轴位置传感器和（　）。

A. 起动机　B. 点火系统　C. 发电机　D. 燃油压力

95. 某车难起动，检测发现水温传感器信号正常，系统油压正常，点火高压与能量正常，应该（　）。

A. 检查喷油器　B. 更换油泵

C. 更换点火线圈　D. 更换水温传感器

96. 怠速过高的原因有传感器故障、真空漏气、喷油器故障、（　）等。

A. 混合气过稀　B. 油压过低

C. 无点火信号　D. 怠速控制机构故障

97. 某车加速不足，根据先简后繁的原则，应首先（　）。

A. 检查空气滤清器是否堵塞　B. 检查怠速机构是否积炭、卡滞

C. 检测点火能量　D. 检测汽缸压力

98. 某车动力不足，检测时发现空气流量计信号弱，应首先（　）。

A. 检测空气滤清器是否堵塞　B. 检测怠速机构是否积炭、卡滞

C. 检测点火能量　D. 检测汽缸压力

99. 排放超标的原因有喷油器喷油故障、燃油压力过高、点火高压弱、（　）等。

A. 油泵损坏　B. 油管破裂

C. 无高压火　D. 传感器信号不准确

100. 某车不开空调怠速正常，打开空调开关则怠速明显下降并熄火，正确的检测方法是（　　）。

A. 检测是否缺缸　　B. 检测 A/C 开关信号

C. 检测点火能量　　D. 检测汽缸压力

101. 游车的主要原因是喷油泵或某些缸的喷油器技术状况不良，（　　）工作不正常。

A. 调速器　　B. 变速器　　C. 喷油器　　D. 传感器

102. 前轮摆动的原因有车轮轮辋产生偏摆、前轮定位不准、横拉杆球头磨损、（　　）等。

A. 车轮不平衡　　B. 离合器变形

C. 转向器故障　　D. 转向盘故障

103. 测量控制管路中的液压，用来判断油泵及各种液压阀工作性能好坏的方法是（　　）。

A. 测出选挡手柄在 D 挡，在怠速时的油压数值，与规定值进行比较

B. 测出选挡手柄在 R 挡，在怠速时的油压数值，与规定值进行比较

C. 测出选挡手柄在 N 挡，在怠速时的油压数值，与规定值进行比较

D. 测出选挡手柄在 R 挡和 D 挡，在怠速时的油压数值，与规定值进行比较

104. 油平面过低会使油液产生（　　）。

A. 金属屑　　B. 深褐色　　C. 烧焦气味　　D. 失去颜色

105. ABS 有故障时，ECU 自检，叙述正确的是：打开点火开关，（　　）。

A. ABS 指示灯应亮 2 s 左右熄灭　　B. ABS 指示灯应常亮

C. ABS 指示灯应常暗　　D. ABS 指示灯应闪烁

106. 检测霍尔式曲轴位置传感器时应使用万用表的（　　）。

A. 直流电压挡　　B. 交流电压挡

C. 直流电流挡　　D. 交流电流挡

107. 正温度系数热敏电阻式进气温度传感器随着温度的下降电阻值（　　）。

A. 上升　　B. 下降　　C. 不变　　D. 先上升后下降

108. 检测水温传感器时应使用万用表的（　　）。

A. 交流电压挡　　B. 电阻挡

C. 直流电流挡　　D. 交流电流挡

109. 随着发动机缸体振动的减小，爆震传感器输出波形的幅值（　　）。

A. 不变　　B. 增大　　C. 减小　　D. 先增后减

110. 氧化钛式氧传感器电压信号的范围是（　　）V。

A. 0.1～0.9　　B. 1～5　　C. 5～12　　D. 0～12

111. 检测翼片式空气流量计时应检测（　　）。

A. 电阻　　B. 频率　　C. 电流　　D. 温度

112. 检测喷油器时应使用万用表的（　　）。

A. 交流电压挡　　B. 电阻挡

C. 直流电流挡　　D. 交流电流挡

113. 炭罐电磁阀由衔铁、（　　）、电磁线圈、壳体等部分组成。

A. 回位弹簧　　B. 触点　　C. 双金属片　　D. 热敏电阻

114. 检测 EGR 电磁阀时应使用万用表的（　　）。

A. 交流电压挡　　B. 电阻挡

C. 直流电流挡　　D. 交流电流挡

115. 单缸独立点火的点火线圈的检测方法之一是（　　）。

A. 检测二次高压　　B. 检测一次电压

C. 检测一次电流　　D. 检测一次绕组的最大导通电流

116. 4T65E 速度传感器 VSS 为（　　）。

A. 霍尔式　　B. 电磁感应式

C. 齿圈式　　D. 旋转式

117. 检测油温传感器时应使用万用表的（　　）。

A. 交流电压挡　　B. 电阻挡

C. 直流电流挡　　D. 交流电流挡

118. 在 4T65E 自动变速器中，PCM 通过检测油压开关的各插脚与搭铁之间的（　　）来感知当前油压的状态。

A. 电压 B. 电流 C. 电阻 D. 电容

119. 锁止离合器控制电磁阀由衔铁、（ ）、电磁线圈、壳体等部分组成。

A. 回位弹簧 B. 触点 C. 双金属片 D. 热敏电阻

120. 检测油压电磁阀时应使用万用表的（ ）。

A. 交流电压挡 B. 电阻挡

C. 直流电流挡 D. 交流电流挡

得分	
评分人	

三、多项选择题（第 1 题～第 20 题。选择一个以上正确的答案，将相应的字母填入题内的括号中。每题 1 分，满分 20 分）

1. 符合服务理念定义的是（ ）。

A. 保证充足的商品补给 B. 保证商品种类繁多

C. 雇用称职员工 D. 将店址选择在交通便利的地段

E. 挑选喜欢的客户

2. 电路中的元件一般可分为（ ）。

A. 有源元件 B. 储能元件 C. 耗能元件 D. 理想元件

E. 无源元件

3. 晶体管可用于（ ）。

A. 开关回路 B. 电压限制 C. 电子点火 D. 起动回路

E. 定时回路

4. 润滑油应具有（ ）的作用。

A. 润滑 B. 冷却 C. 洗涤 D. 密封

E. 防锈

5. 曲柄连杆机构的功用是利用燃气作用在活塞顶上的压力推动活塞做往复直线运动，经（ ）而对外输出动力。

A. 活塞销 B. 连杆 C. 曲轴 D. 气门 E. 缸体

6. 手动变速器的主要功用是（ ）。

A. 改变传动比

B. 在不改变发动机旋转方向的情况下使汽车能倒向行驶

C. 中断发动机向驱动桥的动力传递

D. 便于换挡

E. 实现两侧车轮以不同速度旋转

7. 转向轮定位的作用是（　　）。

A. 提高经济性　　B. 自动回正

C. 提高转向操纵的轻便性　　D. 保证直线行驶的稳定性

E. 减少排放

8. 气压制动传动装置管路的布置形式有（　　）。

A. 单管路　B. 双管路　C. 三管路　D. 四管路　E. 五管路

9. 交流发电机由（　　）组成。

A. 转子　B. 整流器　C. 稳压器　D. 调节器　E. 定子

10. 电子点火系统主要由（　　）组成。

A. 点火电子组件　　B. 分电器

C. 点火信号发生器　　D. 火花塞

E. 点火线圈

11. 单排行星齿轮机构由（　　）组成。

A. 太阳轮　　B. 齿圈

C. 行星齿轮　　D. 装有行星齿轮的行星架

E. 飞轮

12. 四轮定位包含了（　　）。

A. 主销后倾角　B. 主销内倾角　C. 前轮外倾角　D. 前轮前束

E. 后轮前束

13. 高压压力保护开关的作用是（　　）。

A. 检测系统高压端的压力　　B. 决定压缩机是否工作

C. 检查制冷剂温度　　D. 控制冷却风扇运转

E. 检测制冷剂状态

14. 在选用新活塞时，在同一台发动机上应选用同一厂牌同一组别的活塞，以便使活塞的（　　）一致，同一发动机内各缸活塞质量差应符合原厂规定。

A. 圆度与圆柱度　　B. 材料

C. 性能　　D. 质量

E. 尺寸

15. 若机油泵限压阀弹簧过软，（　　），应更换新件。

A. 球阀磨损　　B. 失圆　　C. 麻点严重　　D. 油道堵塞

E. 机油黏度过低

16. 检修等角速万向节传动轴时，若发现（　　）、钢球有凹陷、破碎、裂痕及过度磨损，应更换万向节。

A. 外星轮　　B. 球笼　　C. 内星轮　　D. 卡簧　　E. 轮毂

17. 车轮总成的（　　）应符合 GB 7258—2004 中有关条款的要求。最大设计车速不小于 100 km/h 的汽车，车轮应进行动平衡试验，其动不平衡质量应不大于 10 g。

A. 横向摆动量　　B. 轴向跳动量　　C. 跳动量　　D. 抖动量

E. 径向跳动量

18. 引起热车难起动的原因是（　　）。

A. 水温传感器故障　　B. 油泵损坏

C. 进气温度传感器故障　　D. 冷起动喷油器故障

E. 喷油器漏油

19. 若怠速过低，检测方法正确的是（　　）。

A. 检测点火能量　　B. 检测系统油压

C. 检测怠速控制装置　　D. 检测传感器信号

E. 检测开关信号

20. 发动机曲轴位置及转速传感器的主要类型有（　　）。

A. 霍尔效应式　　B. 舌簧开关式　　C. 光电式　　D. 电磁脉冲式

E. 电阻式

汽车维修工（三级）理论知识试卷答案

一、判断题

1. √ 2. √ 3. √ 4. × 5. × 6. √ 7. × 8. √ 9. √
10. × 11. √ 12. √ 13. × 14. √ 15. √ 16. √ 17. × 18. ×
19. × 20. √ 21. √ 22. × 23. × 24. √ 25. √ 26. × 27. √
28. √ 29. √ 30. × 31. √ 32. √ 33. √ 34. √ 35. √ 36. √
37. √ 38. √ 39. √ 40. ×

二、单项选择题

1. A 2. C 3. B 4. A 5. A 6. D 7. A 8. C 9. A
10. D 11. A 12. B 13. B 14. D 15. B 16. B 17. C 18. C
19. D 20. A 21. B 22. A 23. C 24. A 25. A 26. B 27. D
28. A 29. D 30. B 31. A 32. A 33. D 34. C 35. A 36. D
37. A 38. D 39. C 40. A 41. A 42. C 43. C 44. D 45. D
46. A 47. B 48. B 49. C 50. D 51. A 52. C 53. B 54. B
55. C 56. A 57. D 58. C 59. C 60. A 61. A 62. C 63. D
64. A 65. B 66. B 67. D 68. C 69. B 70. D 71. C 72. C
73. C 74. C 75. D 76. A 77. A 78. C 79. C 80. D 81. A
82. D 83. A 84. A 85. D 86. C 87. A 88. D 89. D 90. A
91. A 92. D 93. A 94. B 95. A 96. D 97. A 98. A 99. D
100. B 101. A 102. A 103. D 104. C 105. B 106. A 107. B 108. B
109. C 110. B 111. A 112. B 113. A 114. B 115. D 116. B 117. B
118. A 119. A 120. B

三、多项选择题

1. ABCD 2. AE 3. ABCE 4. ABCDE 5. ABC 6. ABCD 7. BCD
8. AB 9. ABCE 10. ABCDE 11. ABD 12. ABCDE 13. AB 14. BCDE
15. ABC 16. ABC 17. AE 18. ACDE 19. ABCDE 20. ACD

第6部分

操作技能考核模拟试卷

注 意 事 项

1. 考生根据操作技能考核通知单中所列的试题做好考核准备。

2. 请考生仔细阅读试题单中具体考核内容和要求，并按要求完成操作或进行笔答或口答，若有笔答请考生在答题卷上完成。

3. 操作技能考核时要遵守考场纪律，服从考场管理人员指挥，以保证考核安全顺利进行。

注：操作技能鉴定试题评分表及答案是考评员对考生考核过程及考核结果的评分记录表，也是评分依据。

国家职业资格鉴定

汽车维修工（三级）操作技能考核通知单

姓名：

准考证号：

考核日期：

试题 1

试题代码：1.1.1。

试题名称：车身外观维修质量检验。

考核时间：15 min。

配分：25 分。

试题 2

试题代码：2.1.1。

试题名称：电控发动机常见故障诊断。

考核时间：15 min。

配分：25 分。

试题 3

试题代码：2.2.1。

试题名称：霍尔传感器性能检测。

考核时间：15 min。

配分：25 分。

试题 4

试题代码：3.2.2。

试题名称：ABS 制动系统常见故障诊断。

考核时间：15 min。

配分：25 分。

汽车维修工（三级）操作技能鉴定

试 题 单

试题代码：1.1.1。

试题名称：车身外观维修质量检验。

考核时间：15 min。

1. 操作条件

（1）整车（乘用车）。

（2）组套工具。

（3）卷尺、丁字尺、锤子（常用规格）。

（4）满足本考位考核要求的其他必要配置。

2. 操作内容

（1）对汽车车身外观进行大修后维修质量检验，主要包括喷漆质量，门、窗密封情况，门锁，铰链，门把手，摇窗机，后视镜以及前、后保险杠的对称检查等。

（2）完成维修质量检验结果的记录工作。

3. 操作要求

（1）应按规范采取正确的检验步骤和方法，检测项目无遗漏。

（2）正确使用维修工具和测量工具，符合安全操作要求。

（3）在答题卷上完成维修质量检验单的填写工作

1）根据检查结果在“检查项目—检查结果选项”对应栏目内打“√”，并写出具体故障部位。

2）凡使用设备和仪器进行测量的，必须填写测量数据。

（4）操作完毕将设备和工具复位。

汽车维修工（三级）操作技能鉴定

答　题　卷

考生姓名：　　　　　　　　　　　准考证号：

试题代码：1.1.1。

试题名称：车身外观维修质量检验。

考核时间：15 min。

试题	检查项目	检查结果选项	检查结果
车身外观状况	喷漆质量	左前门涂料脱落、起泡、有划痕	
		左后门涂料脱落、起泡、有划痕	
		右前门涂料脱落、起泡、有划痕	
		右后门涂料脱落、起泡、有划痕	
		发动机罩涂料脱落、起泡、有凹坑	
		行李箱盖涂料脱落、起泡、有凹坑	
		车顶涂料脱落、起泡、有凹坑	
		左前翼子板涂料脱落、起泡、有划痕	
		左后翼子板涂料脱落、起泡、有划痕	
		右前翼子板涂料脱落、起泡、有划痕	
		右后翼子板涂料脱落、起泡、有划痕	
		前保险杠涂料脱落、起泡、有划痕	
		后保险杠涂料脱落、起泡、有划痕	
		正常	
	门、窗密封情况	左前门、窗密封条脱落、缺损	
		右前门、窗密封条脱落、缺损	
		左后门、窗密封条脱落、缺损	
		右后门、窗密封条脱落、缺损	
		正常	

续表

试题	检查项目	检查结果选项	检查结果
车身外观状况	门锁、铰链、门把手、摇窗机	左前门锁、铰链、门把手、摇窗机松动、脱落	
		右前门锁、铰链、门把手、摇窗机松动、脱落	
		左后门锁、铰链、门把手、摇窗机松动、脱落	
		右后门锁、铰链、门把手、摇窗机松动、脱落	
		正常	
	前、后保险杠的对称检查	前保险杠左右误差（填写具体数据）	
		后保险杠左右误差（填写具体数据）	
	灯罩	前部灯罩松动、脱落、损坏	
		后部灯罩松动、脱落、损坏	
		两侧灯罩松动、脱落、损坏	
		正常	
修理意见		（　）调整　　（　）更换	（　）修理

汽车维修工（三级）操作技能鉴定

试题评分表及答案

考生姓名：　　　　　　　　准考证号：

<table>
<tr><td colspan="2">试题代码及名称</td><td colspan="3">1.1.1　车身外观维修质量检验</td><td colspan="3">考核时间</td><td colspan="3">15 min</td></tr>
<tr><td colspan="2" rowspan="2">评价要素</td><td rowspan="2">配分</td><td rowspan="2">等级</td><td rowspan="2">评分细则</td><td colspan="5">评定等级</td><td rowspan="2">得分</td></tr>
<tr><td>A</td><td>B</td><td>C</td><td>D</td><td>E</td></tr>
<tr><td rowspan="5">1</td><td rowspan="5">对汽车车身外观进行维修质量检验</td><td rowspan="5">10</td><td>A</td><td>操作步骤和方法正确，检查项目正确，符合规范要求</td><td rowspan="5"></td><td rowspan="5"></td><td rowspan="5"></td><td rowspan="5"></td><td rowspan="5"></td><td rowspan="5"></td></tr>
<tr><td>B</td><td>操作步骤和方法正确，检查项目错一项或有不符合规范的操作</td></tr>
<tr><td>C</td><td>操作步骤和方法错 1～2 项，或检查项目错两项</td></tr>
<tr><td>D</td><td>操作步骤和方法错两项以上，或检查项目错两项以上</td></tr>
<tr><td>E</td><td>未答题</td></tr>
<tr><td rowspan="5">2</td><td rowspan="5">维修质量检验结果记录（答题卷）</td><td rowspan="5">15</td><td>A</td><td>全部正确</td><td rowspan="5"></td><td rowspan="5"></td><td rowspan="5"></td><td rowspan="5"></td><td rowspan="5"></td><td rowspan="5"></td></tr>
<tr><td>B</td><td>有一处错误</td></tr>
<tr><td>C</td><td>有两处错误</td></tr>
<tr><td>D</td><td>有三处及以上错误</td></tr>
<tr><td>E</td><td>未答题</td></tr>
<tr><td colspan="2">合计配分</td><td>25</td><td colspan="7">合计得分</td><td></td></tr>
</table>

考评员（签名）：

等级	A（优）	B（良）	C（及格）	D（较差）	E（差或未答题）
比值	1.0	0.8	0.6	0.2	0

“评价要素”得分＝配分×等级比值。

汽车维修工（三级）操作技能鉴定

试　题　单

试题代码：2.1.1。

试题名称：电控发动机常见故障诊断。

考核时间：15 min。

1. 操作条件

（1）电控发动机实物故障模拟台架（乘用车）。

（2）诊断仪、万用表（常用规格）。

（3）组套工具。

（4）满足本考位考核要求的其他必要配置。

2. 操作内容

（1）运行发动机台架。

（2）判断故障现象。

（3）使用诊断仪读取故障码。

（4）使用万用表检测故障。

（5）判断故障部位。

（6）排除故障并清除故障码。

（7）根据操作结果记录故障现象、故障部位及排除故障的方法。

3. 操作要求

（1）所有操作应按规范采取正确的操作步骤和方法，检测项目无遗漏。

（2）正确使用维修工具和测量工具，符合安全操作要求。

（3）在答题卷上完成故障现象、故障部位（写出具体故障部位）以及排除故障方法的记录。

（4）排除故障不需实际操作，提出排除方法即可。

（5）操作完毕将设备和工具复位。

备注：发动机故障点共 11 个（考试时随机设置 1 个），包括曲轴位置传感器线路故障、凸轮轴位置传感器线路故障、空气流量计信号线路故障、空气流量计电源线路故障、节气门位置传感器线路故障、1 缸喷油器线路故障、2 缸喷油器线路故障、3 缸喷油器线路故障、4 缸喷油器线路故障、1 缸和 4 缸点火线圈线路故障、2 缸和 3 缸点火线圈线路故障。

汽车维修工（三级）操作技能鉴定

答　题　卷

考生姓名：　　　　　　　　　　　准考证号：

试题代码：2.1.1。

试题名称：电控发动机常见故障诊断。

考核时间：15 min。

项目	选项	结论	选项	结论
故障现象	无法起动		燃油系统压力高	
	燃油系统压力低		起动不良	
	起动困难		排放超标	
	发动机怠速不稳		发动机游车	
	发动机喘气		加速不良	
故障部位	曲轴位置传感器损坏		氧传感器损坏	
	曲轴位置传感器线路损坏		氧传感器线路损坏	
	凸轮轴位置传感器损坏		爆震传感器损坏	
	凸轮轴位置传感器线路损坏		爆震传感器线路损坏	
	进气温度传感器损坏		1缸喷油器线路损坏	
	进气温度传感器线路损坏		2缸喷油器线路损坏	
	水温传感器损坏		3缸喷油器线路损坏	
	水温传感器线路损坏		4缸喷油器线路损坏	
	空气流量计损坏		1缸点火线圈线路损坏	
	空气流量计线路损坏		2缸点火线圈线路损坏	
	节气门位置传感器损坏		3缸点火线圈线路损坏	
	节气门位置传感器线路损坏		4缸点火线圈线路损坏	

续表

项目	选项	结论	选项	结论
排除方法	更换曲轴位置传感器		更换氧传感器	
	修理或更换曲轴位置传感器线束		修理或更换氧传感器	
	更换凸轮轴位置传感器		更换爆震传感器	
	修理或更换凸轮轴位置传感器线束		修理或更换爆震传感器	
	更换进气温度传感器		修理或更换 1 缸喷油器线束	
	修理或更换进气温度传感器线束		修理或更换 2 缸喷油器线束	
	更换水温传感器		修理或更换 3 缸喷油器线束	
	修理或更换水温传感器线束		修理或更换 4 缸喷油器线束	
	更换空气流量计		修理或更换 1 缸点火线圈线束	
	修理或更换空气流量计		修理或更换 2 缸点火线圈线束	
	更换节气门位置传感器		修理或更换 3 缸点火线圈线束	
	修理或更换节气门位置传感器线束		修理或更换 4 缸点火线圈线束	

备注：在结论中写出具体故障部位。

汽车维修工（三级）操作技能鉴定

试题评分表及答案

考生姓名：　　　　　　　　准考证号：

试题代码及名称		2.1.1　电控发动机常见故障诊断			考核时间				15 min	
评价要素		配分	等级	评分细则	评定等级					得分
					A	B	C	D	E	
1	故障诊断操作过程	15	A	正确诊断及排除故障，清除故障代码，操作步骤和方法正确，检查项目齐全						
			B	正确诊断及排除故障，清除故障代码，操作步骤和方法基本正确						
			C	操作步骤和方法有一处及以下错误，检查项目有一处遗漏						
			D	操作步骤和方法有一处以上错误或检查项目有一处以上遗漏						
			E	未操作						
2	判断故障现象、故障部位及排除方法	10	A	全部正确						
			B	—						
			C	故障部位判断正确，其他有误						
			D	故障部位判断错误						
			E	未操作						
合计配分		25		合计得分						

考评员（签名）：

等级	A（优）	B（良）	C（及格）	D（较差）	E（差或未答题）
比值	1.0	0.8	0.6	0.2	0

“评价要素”得分＝配分×等级比值。

汽车维修工（三级）操作技能鉴定

试 题 单

试题代码：2.2.1。

试题名称：霍尔传感器性能检测。

考核时间：15 min。

1. 操作条件

（1）霍尔传感器。

（2）稳压电源（带连接线）。

（3）万用表。

（4）满足本考位考核要求的其他必要配置。

2. 操作内容

（1）判断三个霍尔传感器的类型。

（2）检测三个霍尔传感器的工作电压和输出电压。

（3）判断三个霍尔传感器的工作性能。

（4）填写性能检测单。

3. 操作要求

（1）按规范操作检测设备，采取正确的步骤及方法。

（2）按规范操作万用表进行检测，采取正确的步骤及方法。

（3）在答题卷上完成传感器性能检测单的填写工作。

（4）操作完毕将设备和工具复位。

汽车维修工（三级）操作技能鉴定

答　题　卷

考生姓名：　　　　　　　　　　准考证号：

试题代码：2.2.1。

试题名称：霍尔传感器性能检测。

考核时间：15 min。

传感器性能检测单

传感器编号	①（　）	②（　）	③（　）	④（　）	⑤（　）	⑥（　）
类型	工作电压（V）	电阻（Ω）	输出电压（高电平）（V）	输出电压（低电平）（V）	工作性能	
（　）磁场隔断式 （　）磁化回路式 （　）磁控回路式					（　）良好 （　）有故障	

汽车维修工（三级）操作技能鉴定

试题评分表及答案

考生姓名：　　　　　　　　准考证号：

<table>
<tr><td colspan="2">试题代码及名称</td><td colspan="3">2.2.1　霍尔传感器性能检测</td><td colspan="3">考核时间</td><td colspan="3">15 min</td></tr>
<tr><td colspan="2" rowspan="2">评价要素</td><td rowspan="2">配分</td><td rowspan="2">等级</td><td rowspan="2">评分细则</td><td colspan="5">评定等级</td><td rowspan="2">得分</td></tr>
<tr><td>A</td><td>B</td><td>C</td><td>D</td><td>E</td></tr>
<tr><td rowspan="5">1</td><td rowspan="5">性能检测操作过程</td><td rowspan="5">15</td><td>A</td><td>操作步骤和方法正确，检查项目齐全，操作非常熟练</td><td rowspan="5"></td><td rowspan="5"></td><td rowspan="5"></td><td rowspan="5"></td><td rowspan="5"></td><td rowspan="5"></td></tr>
<tr><td>B</td><td>操作步骤和方法正确，检查项目有一处遗漏</td></tr>
<tr><td>C</td><td>操作步骤和方法有一处及以下错误，检查项目有一处遗漏</td></tr>
<tr><td>D</td><td>操作步骤和方法有一处以上错误或检查项目有一处以上遗漏</td></tr>
<tr><td>E</td><td>未操作</td></tr>
<tr><td rowspan="5">2</td><td rowspan="5">填写性能检测单</td><td rowspan="5">10</td><td>A</td><td>项目填写全部正确</td><td rowspan="5"></td><td rowspan="5"></td><td rowspan="5"></td><td rowspan="5"></td><td rowspan="5"></td><td rowspan="5"></td></tr>
<tr><td>B</td><td>填写内容有一处错误</td></tr>
<tr><td>C</td><td>填写内容有两处错误</td></tr>
<tr><td>D</td><td>填写内容有三处及以上错误</td></tr>
<tr><td>E</td><td>未答题</td></tr>
<tr><td colspan="2">合计配分</td><td>25</td><td colspan="7">合计得分</td><td></td></tr>
</table>

考评员（签名）：

等级	A（优）	B（良）	C（及格）	D（较差）	E（差或未答题）
比值	1.0	0.8	0.6	0.2	0

“评价要素”得分＝配分×等级比值。

汽车维修工（三级）操作技能鉴定

试　题　单

试题代码：3.2.2。

试题名称：ABS 制动系统常见故障诊断。

考核时间：15 min。

1. 操作条件

（1）ABS 制动系统台架。

（2）诊断仪。

（3）万用表。

（4）满足本考位考核要求的其他必要配置。

2. 操作内容

（1）运行 ABS 制动系统台架。

（2）判断故障现象。

（3）使用诊断仪读取故障码。

（4）使用万用表检测故障。

（5）判断故障部位。

（6）排除故障并清除故障码。

（7）根据操作结果记录故障现象、故障部位及排除故障的方法。

3. 操作要求

（1）所有操作应按规范采取正确的操作步骤和方法，检测项目无遗漏。

（2）正确使用维修工具和测量工具，符合安全操作要求。

（3）在答题卷上完成故障现象、故障部位（写出具体故障部位）以及排除故障方法的记录。

（4）排除故障不需实际操作，提出排除方法即可。

（5）操作完毕将设备和工具复位。

汽车维修工（三级）操作技能鉴定

答　题　卷

考生姓名：　　　　　　　　　　准考证号：

试题代码：3.2.2。

试题名称：ABS 制动系统常见故障诊断。

考核时间：15 min。

项目	选项	结论	选项	结论
故障现象	ABS 警告灯亮		检测仪器无法进入系统	
	ABS 系统不工作		ABS 制动压力高	
	制动警告灯亮		ABS 制动压力低	
故障部位	左前轮速传感器线路故障		左前轮速传感器故障	
	右前轮速传感器线路故障		右前轮速传感器故障	
	左后轮速传感器线路故障		左后轮速传感器故障	
	右后轮速传感器线路故障		右后轮速传感器故障	
	左前电磁阀线路故障		左前电磁阀故障	
	右前电磁阀线路故障		右前电磁阀故障	
	左后电磁阀线路故障		左后电磁阀故障	
	右后电磁阀线路故障		右后电磁阀故障	
	制动灯线路故障		制动灯故障	
	ABS 警告灯线路故障		ABS 警告灯故障	
	ABS 油泵线路故障		ABS 油泵故障	
	电脑电源线路故障		电脑故障	
排除方法	修理或更换左前轮速传感器线路		更换左前轮速传感器	
	修理或更换右前轮速传感器线路		更换右前轮速传感器	
	修理或更换左后轮速传感器线路		更换左后轮速传感器	
	修理或更换右后轮速传感器线路		更换右后轮速传感器	
	修理或更换左前电磁阀线路		更换左前电磁阀	
	修理或更换右前电磁阀线路		更换右前电磁阀	

续表

项目	选项	结论	选项	结论
排除方法	修理或更换左后电磁阀线路		更换左后电磁阀	
	修理或更换右后电磁阀线路		更换右后电磁阀	
	修理或更换制动灯线路		更换制动灯	
	修理或更换电脑电源线路		更换电脑	
	修理或更换 ABS 警告灯线路		更换 ABS 警告灯	
	修理或更换 ABS 油泵线路		更换 ABS 油泵总成	

汽车维修工（三级）操作技能鉴定

试题评分表及答案

考生姓名：　　　　　　　　准考证号：

试题代码及名称		3.2.2　ABS制动系统常见故障诊断			考核时间		15 min			
评价要素		配分	等级	评分细则	评定等级					得分
					A	B	C	D	E	
1	故障诊断操作过程	15	A	操作步骤和方法正确，检查项目齐全，操作非常熟练						
			B	操作步骤和方法正确，检查项目有一处遗漏						
			C	操作步骤和方法有一处及以下错误，检查项目有一处遗漏						
			D	操作步骤和方法有一处以上错误或检查项目有一处以上遗漏						
			E	未操作						
2	判断故障现象、故障部位及排除方法	10	A	全部正确						
			B	—						
			C	故障部位判断正确，其他有误						
			D	故障部位判断错误						
			E	未操作						
合计配分		25	合计得分							

考评员（签名）：

等级	A（优）	B（良）	C（及格）	D（较差）	E（差或未答题）
比值	1.0	0.8	0.6	0.2	0

“评价要素”得分＝配分×等级比值。